AF210236

„Bard" die Google KI

Die Revolution der Content-Erstellung

M. W. Draaser

Impressum

1 Auflage, vom 04.10.2023

Autor: M. W. Draaser

ISBN: 9783758301308
Herstellung und Verlag: BoD – Books on Demand, Norderstedt

Bildnachweis:
Titelbild: iStock-1694682341 (ConceptCafe)

Inhaltsverzeichnis

1. Einleitung

Das erste Kapitel dieses Buches dient als Einstiegspunkt in die faszinierende Welt von Google Bard, einer KI-Technologie, die in der heutigen digitalisierten Gesellschaft eine immer wichtigere Rolle spielt. Die Einleitung verfolgt zwei Hauptziele: Erstens soll sie den Kontext für Google Bard im digitalen Zeitalter schaffen. Hierbei wird die Bedeutung der KI-Technologie in Bezug auf die rasante Entwicklung digitaler Medien und Technologien erörtert. Es wird aufgezeigt, wie Google Bard nicht nur ein Produkt der technologischen Fortschritte ist, sondern auch ein Katalysator für weitere Entwicklungen in verschiedenen Bereichen wie Content-Erstellung, Automatisierung und Datenanalyse.

Zweitens legt dieses Kapitel die Zielsetzung des Buches dar. Es wird erläutert, welche Fragen beantwortet werden sollen und welches Wissen dem Leser vermittelt wird. Dabei wird auch auf die Struktur des Buches eingegangen, die eine breite Palette von Themen abdeckt, von den technologischen Grundlagen über Anwendungsgebiete bis hin zu ethischen und gesellschaftlichen Implikationen. Die Zielsetzung ist es, ein umfassendes Verständnis für die Funktionsweise, Anwendbarkeit und die damit verbundenen Herausforderungen von Google Bard zu schaffen.

In der Kontextualisierung von Google Bard im digitalen Zeitalter wird besonderes Augenmerk auf die Einbettung der Technologie in die größeren Trends der Digitalisierung gelegt. Hierbei werden sowohl die historischen Entwicklungen als auch die aktuellen Dynamiken berücksichtigt, die die Entstehung und den Aufstieg von Google Bard beeinflusst haben. Es wird argumentiert, dass Google Bard nicht isoliert betrachtet werden kann, sondern als

Teil eines komplexen Ökosystems von Technologien, sozialen Normen und Marktbedingungen verstanden werden muss.

Die Zielsetzung des Buches wird klar definiert, um dem Leser einen Leitfaden für die folgenden Kapitel an die Hand zu geben. Es wird dargelegt, welche spezifischen Themenbereiche abgedeckt werden und wie diese miteinander verknüpft sind. Dies dient nicht nur der Orientierung, sondern auch der Einordnung der vielfältigen Informationen und Konzepte, die in den nachfolgenden Kapiteln präsentiert werden.

Dieses einleitende Kapitel bietet einen Rahmen für die tiefgehende Untersuchung von Google Bard, die in den folgenden Kapiteln erfolgt. Es legt den Grundstein für die komplexen Diskussionen und Analysen, die folgen werden, und bereitet den Leser darauf vor, die vielschichtigen Aspekte von Google Bard in ihrer ganzen Breite und Tiefe zu erfassen.

1.1 Wo bekomme ich die Google KI

Dieses Unterkapitel widmet sich der Frage, wo die Google KI, insbesondere Google Bard, erworben oder zugänglich gemacht werden kann. In einer Zeit, in der künstliche Intelligenz immer mehr an Bedeutung gewinnt, ist es entscheidend, zu verstehen, wie und wo man Zugang zu solchen fortschrittlichen Technologien erhält.

Google Bard ist in der Regel als Cloud-basierte Dienstleistung verfügbar und kann über die Google Cloud Plattform (GCP) bezogen werden. Die GCP bietet eine Vielzahl von KI- und Machine Learning-Diensten an, darunter auch spezialisierte Textverarbeitungs- und Generierungstools. Nach der Anmeldung und dem Erstellen eines GCP-Kontos können Nutzer auf die API von Google Bard zugreifen, die in verschiedenen Programmiersprachen wie Python, Java und Go integriert werden kann.

Für Entwickler und Unternehmen, die spezifische Anforderungen haben, bietet Google auch maßgeschneiderte Lösungen an. Diese können durch direkte Partnerschaften und Lizenzvereinbarungen mit Google erworben werden. In solchen Fällen wird in der Regel ein dediziertes Support-Team zur Verfügung gestellt, das bei der Implementierung und Skalierung der Technologie hilft.

Es ist auch möglich, Google Bard in Form von Software Development Kits (SDKs) und vorkonfigurierten Containern zu erhalten, die in private Clouds oder On-Premise-Server integriert werden können. Dies bietet mehr Kontrolle über die Daten und kann für Unternehmen, die strenge Datenschutzrichtlinien einhalten müssen, von Vorteil sein.

Für Bildungseinrichtungen und Forschungsorganisationen gibt es oft spezielle Lizenzmodelle, die den Zugang zu Google Bard und anderen KI-Technologien zu vergünstigten Konditionen ermöglichen. Diese Modelle sind darauf ausgerichtet, die Forschung und Entwicklung im Bereich der künstlichen Intelligenz zu fördern.

Hier ist der Direkte Link: **https://bard.google.com**

1.2 Kontextualisierung von Google Bard im digitalen Zeitalter

Die Kontextualisierung von Google Bard im digitalen Zeitalter ist ein unerlässlicher Schritt, um die Bedeutung und den Einfluss dieser bahnbrechenden Technologie vollständig zu erfassen. Dieser Abschnitt zielt darauf ab, Google Bard in den breiteren Kontext der digitalen Transformation einzubetten, die unsere Gesellschaft in den letzten Jahrzehnten durchdrungen hat.

Beginnend mit einer kurzen Übersicht über die Digitalisierung selbst, wird erörtert, wie die rasante Entwicklung von Technologien wie dem Internet, mobilen Geräten und Cloud-Computing die Entstehung von komplexen KI-Systemen wie Google Bard ermöglicht hat. Die Digitalisierung hat nicht nur die Art und Weise verändert, wie Informationen gespeichert und abgerufen werden, sondern auch die Geschwindigkeit und den Umfang der Datenverarbeitung revolutioniert. In diesem Kontext hat Google Bard die Möglichkeit, riesige Datenmengen in Echtzeit zu analysieren und darauf basierend Texte zu generieren, die in ihrer Qualität menschlichen Erzeugnissen gleichkommen oder diese sogar übertreffen.

Ein weiterer wichtiger Aspekt ist die Rolle von Google Bard im Kontext der "Big Data"-Revolution. Die Fähigkeit, große Datenmengen zu sammeln, zu speichern und zu analysieren, hat die Tür für Anwendungen geöffnet, die weit über einfache Textgenerierung hinausgehen. Von der Vorhersage von Markttrends bis hin zur Analyse sozialer Netzwerke bietet Google Bard ein breites Spektrum an Anwendungsmöglichkeiten, die in den folgenden Kapiteln ausführlich behandelt werden.

Darüber hinaus wird die Position von Google Bard im Ökosystem der künstlichen Intelligenz beleuchtet. Es wird argumentiert, dass Google Bard nicht nur ein weiteres KI-Produkt ist, sondern ein Paradigmenwechsel in der Art und Weise darstellt, wie Maschinen und Menschen interagieren. Durch die Kombination von fortschrittlichen Algorithmen für Maschinelles Lernen mit einer intuitiven Benutzeroberfläche ermöglicht Google Bard eine nahtlose Integration von KI in den menschlichen Alltag.

Die sozialen und kulturellen Implikationen von Google Bard werden ebenfalls untersucht. In einer Welt, die immer stärker von digitalen Technologien durchdrungen ist, stellt Google Bard sowohl eine Chance als auch eine Herausforderung dar. Einerseits bietet es die Möglichkeit, menschliche Fähigkeiten zu erweitern und zu ergänzen, andererseits wirft es Fragen nach Ethik, Datenschutz und sozialer Gerechtigkeit auf, die in späteren Kapiteln vertieft werden.

Abschließend wird ein Ausblick auf die zukünftige Entwicklung von Google Bard im Kontext der digitalen Evolution gegeben. Mit dem kontinuierlichen Fortschritt in den Bereichen KI und Datenanalyse ist zu erwarten, dass Google Bard weiterhin eine Schlüsselrolle in der Gestaltung der digitalen Landschaft spielen wird. Dabei wird es nicht nur die Technologie selbst beeinflussen, sondern auch die Art und Weise, wie Menschen mit Technologie interagieren und sie in ihr tägliches Leben integrieren.

1.3 Zielsetzung des Buches

Die Zielsetzung dieses Buches ist mehrschichtig und zielt darauf ab, ein umfassendes Verständnis für Google Bard als eine der markantesten KI-Technologien der heutigen Zeit zu schaffen. Dieser Abschnitt legt die konkreten Ziele und Erwartungen an den Leser dar, die das Buch zu erfüllen sucht.

Erstens soll das Buch eine gründliche Einführung in die technologischen Grundlagen von Google Bard bieten. Es wird nicht nur die Funktionsweise der KI-Technologie erläutert, sondern auch die verschiedenen Komponenten und Algorithmen, die sie antreiben. Dies beinhaltet eine detaillierte Untersuchung der Kernkomponenten wie Textverarbeitung und -generierung, Datenbank- und Speichersysteme sowie Benutzeroberfläche und Interaktionsdesign. Darüber hinaus werden die Algorithmen und Methoden des Maschinellen Lernens, die Google Bard zugrunde liegen, ausführlich besprochen.

Zweitens beabsichtigt das Buch, die vielfältigen Anwendungsgebiete von Google Bard zu beleuchten. Von der Content-Erstellung über automatisierte Textgenerierung bis hin zu spezialisierten Anwendungen in Bildung, Forschung und Unternehmenskontexten wird eine breite Palette von Nutzungsmöglichkeiten abgedeckt. Dies soll dem Leser nicht nur die praktische Relevanz von Google Bard näherbringen, sondern auch Inspiration für eigene Anwendungen bieten.

Drittens wird das Buch die ethischen und gesellschaftlichen Implikationen von Google Bard und ähnlichen KI-Technologien untersuchen. In einer Zeit, in der Fragen der Datenethik und des Datenschutzes immer dringlicher werden, soll dieses Buch eine fundierte Diskussion über die Verantwortung und die potenziellen Risiken der Technologie anstoßen. Dabei werden Themen wie verantwortungsvolle Nutzung, Datenschutz und die gesellschaftlichen Auswirkungen von KI ausführlich behandelt.

Viertens soll das Buch eine vergleichende Analyse mit ähnlichen Technologien anbieten. Es wird die Unterschiede und Gemeinsamkeiten zwischen Google Bard und anderen KI-Technologien herausarbeiten und dabei auch eine Marktanalyse und Positionierung vornehmen. Dies wird dem Leser helfen, die Einzigartigkeit von Google Bard im Kontext der breiteren KI-Landschaft zu verstehen.

Fünftens und letztlich wird das Buch einen Ausblick auf die Zukunftsaussichten von Google Bard geben. Es wird aktuelle Trends und Forschungsrichtungen in der KI und im Maschinellen Lernen beleuchten und darüber spekulieren, wie diese die Weiterentwicklung von Google Bard beeinflussen könnten.

Die Zielsetzung des Buches dient dazu, dem Leser ein tiefgehendes, facettenreiches Verständnis von Google Bard zu vermitteln. Es soll sowohl für Fachleute in den Bereichen KI und Datenwissenschaften als auch für Laien, die ein Interesse an der Schnittstelle von Technologie und Gesellschaft haben, von Wert sein. Durch die Erfüllung dieser Ziele strebt das Buch an, eine umfassende Ressource für alle zu sein, die die vielfältigen Aspekte und Anwendungen von Google Bard in ihrer vollen Breite und Tiefe verstehen möchten.

2. Die Geschichte von Google Bard

Das zweite Kapitel dieses Buches widmet sich der Geschichte von Google Bard, einer Technologie, die in der modernen digitalen Landschaft eine signifikante Rolle spielt. Dieses Kapitel ist in zwei Hauptabschnitte unterteilt: die Ursprünge und Entwicklung von Google Bard sowie dessen Einfluss auf die Technologiebranche. Der erste Abschnitt zeichnet den Entwicklungsverlauf von Google Bard nach, beginnend mit den ersten Konzepten und Prototypen bis hin zur heutigen, ausgereiften Version der Technologie. Dabei wird besonderes Augenmerk auf die Schlüsselmomente und Meilensteine in der Entwicklungsgeschichte gelegt, die Google Bard zu dem gemacht haben, was es heute ist. Es wird auch die Rolle der verschiedenen Akteure beleuchtet, von den Entwicklern und Ingenieuren bis hin zu den Investoren und Partnern, die zur Realisierung dieses ambitionierten Projekts beigetragen haben.

Der zweite Abschnitt fokussiert sich auf den weitreichenden Einfluss, den Google Bard auf die Technologiebranche ausgeübt hat. Es wird untersucht, wie die Einführung dieser KI-Technologie bestehende Geschäftsmodelle und Praktiken verändert hat und welche neuen Möglichkeiten sie eröffnet hat. Von der Automatisierung von Content-Erstellung bis hin zur Transformation von Datenanalyse und Kundeninteraktion, Google Bard hat zahlreiche Aspekte der Technologiebranche beeinflusst und neu definiert.

Dieses Kapitel bietet eine tiefgehende Analyse der Geschichte und des Einflusses von Google Bard. Es dient als Fundament für das Verständnis der technologischen, wirtschaftlichen und sozialen Dimensionen, die diese KI-Technologie umgeben. Durch die Kombination von historischer Kontextualisierung mit einer Analyse des aktuellen Einflusses zielt dieses Kapitel darauf ab, ein umfassendes Bild von Google Bard zu zeichnen, das sowohl seine Vergangenheit als auch seine Bedeutung in der heutigen digitalen Welt berücksichtigt. Es legt den Grundstein für die weiteren Kapitel, die sich mit den technologischen Grundlagen, Anwendungsgebieten und ethischen Fragestellungen befassen, und bereitet den Leser darauf vor, die vielschichtigen Aspekte von Google Bard in ihrer vollen Breite und Tiefe zu erfassen.

2.1 Ursprünge und Entwicklung

Die Ursprünge und Entwicklung von Google Bard sind ein faszinierendes Studienobjekt, das Einblicke in die rasante Entwicklung der Künstlichen Intelligenz und des Maschinellen Lernens bietet. Dieser Abschnitt wird die Entstehungsgeschichte von Google Bard detailliert nachzeichnen, von den ersten Ideen und Konzepten bis hin zur voll entwickelten Technologie, die heute existiert.

Die Anfänge

Google Bard kann auf die frühen Experimente im Bereich des Natural Language Processing (NLP) zurückgeführt werden. Diese Experimente legten den Grundstein für die Entwicklung von Algorithmen, die in der Lage sind, menschliche Sprache zu verstehen und zu generieren. Die ersten Prototypen von Google Bard waren sehr eingeschränkte Textgeneratoren, die nur sehr einfache Textformate wie E-Mails, Briefe und Nachrichten generieren konnten.

Die Entwicklung

Mit der Weiterentwicklung der Technologie und dem Aufkommen von fortschrittlichen Algorithmen für Maschinelles Lernen begann Google Bard, sich von einem einfachen Textgenerator zu einer komplexen KI-Plattform zu entwickeln. Die Einführung von Deep Learning-Techniken ermöglichte es den Entwicklern, Modelle zu schaffen, die in der Lage sind, komplexe Muster in großen Datenmengen zu erkennen. Dies führte zu einer signifikanten Verbesserung der Textqualität und der Fähigkeit, kontextbezogene Informationen zu verstehen.

Ein weiterer Meilenstein in der Entwicklung von Google Bard war die Integration von Datenbank- und Speichersystemen, die es der Plattform ermöglichten, eine breite Palette von Datenquellen zu nutzen. Dies erweiterte nicht nur die Anwendungsmöglichkeiten von Google Bard, sondern verbesserte auch die Effizienz und Geschwindigkeit der Textgenerierung. Die Einführung von APIs und Schnittstellen ermöglichte zudem die nahtlose Integration von Google Bard in bestehende Systeme und Anwendungen, was die Akzeptanz und Verbreitung der Technologie beschleunigte.

Die Gegenwart

Die kontinuierliche Forschung und Entwicklung haben dazu geführt, dass Google Bard heute eine der führenden KI-Technologien in der Textgenerierung ist. Mit der Fähigkeit, in Echtzeit hochqualitative Texte zu erzeugen, hat Google Bard die Grenzen dessen, was mit KI möglich ist, neu definiert. Es hat nicht nur die Art und Weise verändert, wie Unternehmen und Organisationen Inhalte erstellen und verwalten, sondern auch neue Möglichkeiten in Bereichen wie Datenanalyse, automatisierte Berichterstattung und sogar kreative Schreibprozesse eröffnet.

Die Entwicklungsgeschichte von Google Bard zeigt die dynamische Natur der KI-Forschung und -Anwendung. Sie illustriert, wie die Kombination von innovativen Algorithmen, fortschrittlichen Datenmanagement-Systemen und einer visionären Denkweise die Schaffung einer Technologie ermöglichen kann, die das Potenzial hat, zahlreiche Aspekte unseres Lebens zu transformieren.

2.2 Einfluss auf die Technologiebranche

Der Einfluss von Google Bard auf die Technologiebranche ist nicht zu unterschätzen und erstreckt sich über eine Vielzahl von Bereichen. Dieser Abschnitt wird die verschiedenen Facetten dieses Einflusses analysieren, von der Veränderung bestehender Geschäftsmodelle bis hin zur Einführung neuer Paradigmen in der Datenverarbeitung und -analyse.

Einer der augenfälligsten Einflüsse von Google Bard liegt in der Automatisierung von Content-Erstellung. Durch die Fähigkeit, qualitativ hochwertige Texte in Echtzeit zu generieren, hat Google Bard die Notwendigkeit für menschliche Redakteure in bestimmten Kontexten reduziert. Dies hat zu einer signifikanten Kosteneinsparung für Unternehmen geführt, insbesondere in Bereichen wie Marketing, Journalismus und technischer Dokumentation. Es hat auch die Tür für neue Geschäftsmodelle geöffnet, bei denen Content-on-Demand eine zentrale Rolle spielt.

Darüber hinaus hat Google Bard die Landschaft der Datenanalyse und des Maschinellen Lernens verändert. Durch die Integration fortschrittlicher Algorithmen für Textanalyse und Natural Language Processing hat Google Bard die Möglichkeiten für datengesteuerte Entscheidungsfindung erweitert. Unternehmen können nun komplexe Datenmuster erkennen und interpretieren, was zu verbesserten Geschäftsstrategien und einer effizienteren Ressourcenallokation führt.

Die Einführung von APIs und Schnittstellen hat ebenfalls einen tiefgreifenden Einfluss auf die Technologiebranche gehabt. Durch die Möglichkeit, Google Bard nahtlos in bestehende Systeme und Anwendungen zu integrieren, wurde die Akzeptanz der Technologie beschleunigt. Dies hat zu einer breiteren Anwendung von KI in verschiedenen Branchen geführt, von der Gesundheitsversorgung bis hin zur Automobilindustrie.

Ein weiterer bemerkenswerter Einfluss von Google Bard liegt in der Transformation der Kundeninteraktion. Mit der Fähigkeit, automatisierte, aber dennoch personalisierte Antworten zu generieren, hat Google Bard die Effizienz und Qualität des Kundenservices verbessert. Dies hat nicht nur die Kundenzufriedenheit erhöht, sondern auch die Betriebskosten für Unternehmen gesenkt.

Schließlich hat Google Bard auch den Bereich der kreativen Anwendungen beeinflusst. Von der automatisierten Erstellung von Drehbüchern und literarischen Werken bis hin zur Generierung von Multimedia-Inhalten hat Google Bard die Grenzen des Möglichen erweitert. Es hat Künstlern und Kreativen neue Werkzeuge an die Hand gegeben, um ihre Visionen zum Leben zu erwecken, und gleichzeitig die Effizienz und Produktivität gesteigert.

Google Bard hat die Technologiebranche in vielfältiger Weise beeinflusst. Es hat nicht nur bestehende Prozesse optimiert und neue Geschäftsmodelle ermöglicht, sondern auch die Art und Weise, wie wir über Daten und KI denken, grundlegend verändert. Durch die Kombination von technologischer Innovation mit praktischer Anwendbarkeit hat Google Bard eine neue Ära der KI eingeläutet, deren volles Potenzial noch nicht ausgeschöpft ist. Dieser Abschnitt legt den Grundstein für die weiteren Kapitel, die sich mit den spezifischen Anwendungsgebieten und ethischen Überlegungen rund um Google Bard befassen werden.

3. Technologische Grundlagen

Das dritte Kapitel dieses Buches taucht in die technologischen Grundlagen von Google Bard ein und bietet eine umfassende Analyse der verschiedenen Komponenten, die diese revolutionäre KI-Technologie antreiben. Dieses Kapitel ist in mehrere Abschnitte gegliedert, die jeweils einen spezifischen Aspekt der Technologie abdecken, von den Mechanismen der Textverarbeitung und -generierung bis hin zu den komplexen Algorithmen, die für Maschinelles Lernen und Textanalyse eingesetzt werden.

Der erste Abschnitt konzentriert sich auf die Kernkomponenten und ihre Funktionen, einschließlich der Textverarbeitung und -generierung. Hier wird erläutert, wie Google Bard in der Lage ist, Texte zu analysieren, zu verstehen und zu erzeugen, die menschenähnliche Qualitäten aufweisen. Dieser Abschnitt wird auch die Datenbank- und Speichersysteme untersuchen, die die Grundlage für die Datenverarbeitung bilden.

Der zweite Abschnitt widmet sich der Benutzeroberfläche und dem Interaktionsdesign, zwei Aspekten, die für die Benutzerfreundlichkeit und Zugänglichkeit der Technologie entscheidend sind. Es wird die Gestaltung der Benutzeroberfläche und die verschiedenen Interaktionsmöglichkeiten, die den Benutzern zur Verfügung stehen, detailliert beschrieben.

Im dritten Abschnitt wird der Fokus auf die Algorithmen und das Maschinelle Lernen gelegt. Hier wird tief in die Mechanismen der Textanalyse und des Natural Language Processing (NLP) eingetaucht. Es werden auch die verschiedenen Machine Learning Modelle und Trainingsdaten vorgestellt, die zur Verbesserung der Leistung und Genauigkeit von Google Bard beitragen.

Der vierte Abschnitt behandelt die APIs und Schnittstellen, die für die Integration von Google Bard in andere Systeme und Anwendungen unerlässlich sind. Dieser Abschnitt wird die verschiedenen Möglichkeiten zur Anbindung und Interaktion mit der Technologie aufzeigen.

Der letzte Abschnitt dieses Kapitels befasst sich mit dem Datenfluss und dem Datenmanagement, einschließlich der Datenakquisition und -verarbeitung sowie der Datenintegrität und -sicherheit. Es wird auch die Prozesse des Datenexports und der Datenmigration untersucht, die für die Skalierbarkeit und Anpassungsfähigkeit der Technologie entscheidend sind.

Dieses Kapitel bietet eine gründliche und detaillierte Untersuchung der technologischen Grundlagen von Google Bard. Es soll den Lesern ein tiefes Verständnis der verschiedenen Komponenten und Prozesse vermitteln, die diese KI-Technologie so leistungsfähig und vielseitig machen. Durch die Kombination von technischen Details mit praktischen Anwendungsbeispielen zielt dieses Kapitel darauf ab, sowohl die theoretischen als auch die praktischen Aspekte von Google Bard zu beleuchten. Es dient als Vorbereitung für die folgenden Kapitel, die sich mit den spezifischen Anwendungsgebieten, ethischen Überlegungen und zukünftigen Entwicklungen dieser bahnbrechenden Technologie befassen werden.

3.1 Kernkomponenten und ihre Funktionen

Das Verständnis der Kernkomponenten und ihrer Funktionen ist entscheidend für die vollständige Einschätzung der Leistungsfähigkeit und Vielseitigkeit von Google Bard. Diese Komponenten bilden das Rückgrat der Technologie und ermöglichen die Vielzahl der Anwendungen, die in den vorherigen und nachfolgenden Kapiteln dieses Buches diskutiert werden.

3.1.1 Textverarbeitung und -generierung

Die Textverarbeitung und -generierung stellen eine der zentralen Funktionen von Google Bard dar und bilden die Grundlage für die Vielseitigkeit und Effizienz der Technologie. Dieser Abschnitt wird die Mechanismen und Prozesse beleuchten, die diese Schlüsselkomponente antreiben.

Die Grundlagen

Google Bard verwendet eine Kombination aus verschiedenen Algorithmen und Techniken des Natural Language Processing (NLP), um Texte zu analysieren und zu verstehen. Hierbei kommen sowohl regelbasierte als auch statistische Methoden zum Einsatz.

Regelbasierte Ansätze

Regelbasierte Ansätze basieren auf vordefinierten Grammatikregeln und Wörterbüchern. Diese Regeln und Wörterbücher werden verwendet, um zu bestimmen, ob ein Text grammatikalisch korrekt ist und ob er einen bestimmten Sinn ergibt. Beispielsweise kann ein regelbasierter Ansatz verwendet werden, um zu bestimmen, ob ein Satz ein Subjekt und ein Verb hat.

Statistische Methoden

Statistische Methoden nutzen Wahrscheinlichkeitsberechnungen und maschinelles Lernen, um Text zu analysieren. Diese Methoden lernen aus großen Datenmengen von Text und Code, um Muster und Zusammenhänge zu erkennen. Beispielsweise kann ein statistisches Modell verwendet werden, um zu bestimmen, welche Wörter häufig zusammen auftreten.

Die Textgenerierung

Die Textgenerierung erfolgt in drei Schritten:

➢ **Analyse des Eingabetextes:** Der Eingabetext wird in seine grundlegenden Bestandteile zerlegt, wie etwa Sätze, Wörter und Phrasen.

➢ **Vorverarbeitung des Texts:** Der vorverarbeitete Text wird durch verschiedene NLP-Techniken wie Tokenisierung, Stemming und Lemmatisierung weiter verarbeitet.

➢ **Generierung des Texts:** Die verarbeiteten Textdaten werden durch Machine Learning Modelle geleitet, die darauf trainiert sind, menschenähnliche Texte zu generieren.

Die Anpassungsfähigkeit

Google Bard ist darauf ausgelegt, verschiedene Textformate und -stile zu unterstützen, von formellen wissenschaftlichen Artikeln bis hin zu informellen Blogposts. Dies wird durch den Einsatz von anpassbaren Templates und Stilrichtlinien erreicht, die es dem System ermöglichen, den generierten Text an den jeweiligen Kontext anzupassen.

Die Anwendungen

Die Textverarbeitung und -generierung in Google Bard werden für eine Vielzahl von Anwendungen eingesetzt, darunter:

➢ **Erstellung von Textinhalten:** Google Bard kann verwendet werden, um unterschiedliche Textformate und -stile zu generieren, wie etwa wissenschaftliche Artikel, Blogposts, E-Mails, Briefe usw.

➢ **Textanalyse:** Google Bard kann verwendet werden, um Sentimentanalysen, Textklassifikationen und automatisierte Zusammenfassungen durchzuführen.

Herausforderungen bei der Textverarbeitung und -generierung

Die Textverarbeitung und -generierung ist eine komplexe Aufgabe, die mit einer Reihe von Herausforderungen verbunden ist. Dazu gehören unter anderem:

- **Grammatik und Syntax:** Es ist schwierig, einen Text zu generieren, der grammatikalisch korrekt und syntaktisch sinnvoll ist.
- **Semantische Kohärenz:** Es ist schwierig, einen Text zu generieren, der semantisch kohärent ist, d. h. der einen sinnvollen Zusammenhang bildet.
- **Stil:** Es ist schwierig, einen Text zu generieren, der den gewünschten Stil hat, z. B. formal oder informell.

Forschung und Entwicklung

Die Forschung und Entwicklung im Bereich der Textverarbeitung und -generierung ist ein aktives Gebiet. Wissenschaftler arbeiten daran, diese Herausforderungen zu bewältigen und die Leistung dieser Technologien zu verbessern.

Leistungsvergleich

Google Bard ist eine der leistungsstärksten Textverarbeitungs- und -generierungssysteme auf dem Markt. Es ist jedoch wichtig zu beachten, dass es keine perfekte Technologie gibt. Andere Systeme können in bestimmten Bereichen besser sein als Google Bard.

Die Textverarbeitung und -generierung sind eine wichtige Funktion von Google Bard. Durch die Kombination von fortschrittlichen NLP-Techniken mit leistungsfähigen Machine Learning Modellen bietet Google Bard eine robuste und anpassungsfähige Lösung für eine Vielzahl von Anwendungen im Bereich der Textverarbeitung.

3.1.2 Datenbank- und Speichersysteme

Die Datenbank- und Speichersysteme bilden eine der fundamentalen Komponenten in der Architektur von Google Bard. Sie sind nicht nur für die Speicherung von Daten verantwortlich, sondern auch für die effiziente Verwaltung und Abfrage dieser Daten, was für die Funktionsweise des gesamten Systems von entscheidender Bedeutung ist. Dieser Abschnitt widmet sich der Architektur, den Funktionen und den Vorteilen dieser Systeme.

Architektur

Google Bard verwendet eine Kombination aus relationalen und nicht-relationalen Datenbanken. Relationale Datenbanken sind ideal für die Speicherung von strukturierten Daten, wie sie beispielsweise in Benutzerprofilen oder Transaktionshistorien vorkommen. Nicht-relationale Datenbanken, oft als NoSQL-Datenbanken bezeichnet, sind hingegen flexibler in der Handhabung von semi-strukturierten oder unstrukturierten Daten, wie sie in Textdaten oder sozialen Netzwerken auftreten können.

Die Speichersysteme sind so konzipiert, dass sie eine hohe Verfügbarkeit und Skalierbarkeit gewährleisten, auch bei hohen Lasten. Dies wird durch den Einsatz von redundanten Infrastrukturen und verteilten Architekturen erreicht.

Funktionen

Die Datenbank- und Speichersysteme in Google Bard erfüllen eine Reihe von Funktionen, darunter:

➢ **Datenspeicherung:** Die Datenbank- und Speichersysteme speichern alle Daten, die für die Funktionsweise von Google Bard erforderlich sind, einschließlich Textdaten, Code, Benutzerdaten und Metadaten.

➢ **Datenverwaltung:** Die Datenbank- und Speichersysteme ermöglichen die effiziente Verwaltung von Daten, einschließlich der Erstellung, Aktualisierung und Löschung von Datensätzen.

➢ **Datenabfrage:** Die Datenbank- und Speichersysteme ermöglichen den schnellen und effizienten Zugriff auf Daten, auch für komplexe Abfragen.

Vorteile

Die Datenbank- und Speichersysteme in Google Bard bieten eine Reihe von Vorteilen, darunter:

➢ **Leistung:** Die Datenbank- und Speichersysteme sind hochperformant und können große Mengen an Daten schnell und effizient verarbeiten.

➢ **Verfügbarkeit:** Die Datenbank- und Speichersysteme sind hochverfügbar und gewährleisten, dass Daten auch bei Ausfällen von Hardwarekomponenten verfügbar sind.

➢ **Sicherheit:** Die Datenbank- und Speichersysteme sind sicher und schützen die Daten vor unbefugtem Zugriff.

Die Datenbank- und Speichersysteme bilden eine fundamentale Komponente in der Architektur von Google Bard. Sie bieten die notwendige Infrastruktur für die Speicherung, Verwaltung und Abfrage von Daten, die für die vielfältigen Anwendungen und Funktionen des Systems erforderlich sind. Durch die Kombination von leistungsfähigen Datenbanken mit robusten Speichersystemen ist Google Bard in der Lage, eine hohe Leistung, Zuverlässigkeit und Sicherheit zu gewährleisten, die für die effektive Textverarbeitung und -generierung unerlässlich sind.

3.1.3 Benutzeroberfläche und Interaktionsdesign

Die Benutzeroberfläche und das Interaktionsdesign sind entscheidende Faktoren für die Benutzererfahrung und somit für den Erfolg von Google Bard. Diese Komponenten dienen als Schnittstelle zwischen dem Benutzer und der zugrunde liegenden Technologie, und ihre Gestaltung hat direkten Einfluss auf die Effizienz, Zugänglichkeit und Benutzerfreundlichkeit des Systems. In diesem Abschnitt wird die Konzeption und Implementierung der Benutzeroberfläche sowie des Interaktionsdesigns von Google Bard erörtert.

Die Benutzeroberfläche von Google Bard ist darauf ausgelegt, intuitiv und benutzerfreundlich zu sein. Sie verwendet ein klares und minimalistisches Design, das den Benutzer nicht mit übermäßigen Informationen oder Optionen überfordert. Die wichtigsten Funktionen sind leicht zugänglich und werden durch leicht verständliche Icons und Menüs repräsentiert. Dies ermöglicht auch Benutzern ohne technischen Hintergrund eine effiziente Navigation und Bedienung des Systems.

Das Interaktionsdesign folgt den Prinzipien des Human-Centered Designs, bei dem der Benutzer und seine Bedürfnisse im Mittelpunkt stehen. Durch die Verwendung von Benutzerstudien, Feedback-Schleifen und iterativen Designprozessen wird sichergestellt, dass die Benutzeroberfläche den Anforderungen und Erwartungen der Zielgruppe entspricht. Dies beinhaltet auch die Berücksichtigung von Barrierefreiheit, um eine möglichst breite Benutzerbasis ansprechen zu können.

Ein weiteres wichtiges Element des Interaktionsdesigns ist die

Responsivität. Die Benutzeroberfläche ist so gestaltet, dass sie sich automatisch an verschiedene Bildschirmgrößen und Gerätetypen anpasst. Dies ist besonders wichtig in einer Zeit, in der der Zugriff auf Anwendungen und Dienste zunehmend über mobile Geräte erfolgt.

Die Benutzeroberfläche bietet auch eine Reihe von Anpassungsmöglichkeiten, die es den Benutzern ermöglichen, die Darstellung und Funktionalität nach ihren individuellen Bedürfnissen zu modifizieren. Dies reicht von einfachen Änderungen wie der Auswahl von Farbschemata bis hin zu fortgeschrittenen Optionen wie der Konfiguration von Workflow-Automatisierungen.

Die Benutzeroberfläche und das Interaktionsdesign spielt eine entscheidende Rolle in der Architektur von Google Bard. Durch die Kombination von benutzerfreundlichem Design mit leistungsstarken Anpassungsoptionen bietet Google Bard eine effiziente und angenehme Benutzererfahrung. Dies fördert nicht nur die Akzeptanz und Nutzung des Systems, sondern ermöglicht es auch, die leistungsstarken Funktionen von Google Bard in einer Vielzahl von Anwendungsfällen effektiv zu nutzen.

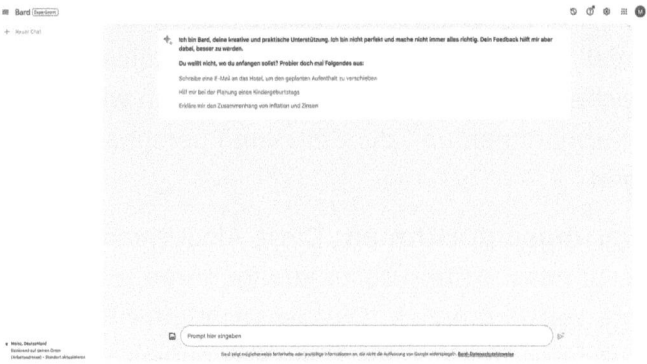

Abbildung 1: Bard - Startbildschirm

3.2 Algorithmen und Maschinelles Lernen

Die Rolle von Algorithmen und maschinellem Lernen in Google Bard kann nicht hoch genug eingeschätzt werden. Diese Technologien bilden das Rückgrat des Systems und sind maßgeblich für seine Leistungsfähigkeit und Vielseitigkeit verantwortlich. In diesem Abschnitt wird die Bedeutung dieser Schlüsselkomponenten und ihre Integration in das Gesamtsystem erläutert.

Algorithmen

Algorithmen sind in Google Bard allgegenwärtig und dienen einer Vielzahl von Funktionen. Sie reichen von einfachen Sortier- und Filteralgorithmen, die bei der Datenverwaltung eingesetzt werden, bis hin zu komplexen Optimierungsalgorithmen, die in der Textanalyse und -generierung Anwendung finden. Diese Algorithmen sind so konzipiert, dass sie effizient und skalierbar sind, um die Anforderungen eines hochdynamischen und datenintensiven Systems zu erfüllen.

Beispiele für die Verwendung von Algorithmen in Google Bard:

➢ **Sortier- und Filteralgorithmen:** Diese Algorithmen werden verwendet, um große Datenmengen zu organisieren und zu durchsuchen. Dies ist wichtig für Funktionen wie die Suche nach Informationen und die Erstellung personalisierter Empfehlungen.

➢ **Optimierungsalgorithmen:** Diese Algorithmen werden verwendet, um das System so zu konfigurieren, dass es die gewünschte Leistung erzielt. Dies ist wichtig für Funktionen wie die Textgenerierung und die Übersetzung von Sprachen.

Maschinelles Lernen

Maschinelles Lernen nimmt eine zentrale Position in der Architektur von Google Bard ein. Es ermöglicht dem System, aus Daten zu lernen und sich im Laufe der Zeit zu verbessern. Dies ist besonders wichtig für Funktionen wie Textgenerierung, Textklassifikation und Sentimentanalyse, bei denen die Qualität der Ergebnisse direkt von der Fähigkeit des Systems abhängt, komplexe Muster in den Daten zu erkennen und zu interpretieren.

Beispiele für die Verwendung von maschinellem Lernen in Google Bard:

➢ **Textgenerierung:** Das System verwendet maschinelles Lernen, um Texte zu erstellen, die sowohl informativ als auch kreativ sind.

➢ **Textklassifikation:** Das System verwendet maschinelles Lernen, um Text in verschiedene Kategorien einzuteilen, z. B. Nachrichten, Produktbeschreibungen oder Social-Media-Posts.

➢ **Sentimentanalyse:** Das System verwendet maschinelles Lernen, um die Stimmung eines Textes zu bestimmen, z. B. ob er positiv, negativ oder neutral ist.

Potenzielle Grenzen von Algorithmen und maschinellem Lernen in Google Bard:

➢ Algorithmen können nur so gut sein wie die Daten, auf denen sie trainiert werden. Wenn die Daten unvollständig oder verzerrt sind, kann dies zu Fehlern im System führen.

➢ Maschinelles Lernen kann zu Vorurteilen führen, wenn die Trainingsdaten nicht repräsentativ für die reale Welt sind. Dies kann dazu führen, dass das System bestimmte Gruppen von Menschen benachteiligt.

Algorithmen und maschinelles Lernen bilden das Herzstück von

Google Bard. Sie ermöglichen eine Vielzahl von Funktionen und Anwendungen, von der Textverarbeitung und -generierung bis hin zur Datenanalyse und -verwaltung. Durch die Kombination von leistungsstarken Algorithmen mit fortschrittlichen Machine-Learning-Modellen bietet Google Bard eine robuste und flexible Plattform, die in der Lage ist, die Herausforderungen und Anforderungen des digitalen Zeitalters effektiv zu bewältigen.

3.2.1 Textanalyse und Natural Language Processing (NLP)

Die Textanalyse und das Natural Language Processing (NLP) sind Schlüsseltechnologien, die die Fähigkeiten von Google Bard in der Verarbeitung und Generierung von Text maßgeblich prägen. Diese Subkomponenten sind integraler Bestandteil der Algorithmen und des maschinellen Lernens, die das System antreiben. In diesem Abschnitt wird die Rolle und Funktionsweise dieser spezialisierten Technologien im Kontext von Google Bard detailliert erörtert.

Textanalyse bezieht sich auf eine Reihe von Techniken und Methoden zur Extraktion von Informationen und Erkenntnissen aus unstrukturierten Textdaten. In Google Bard wird Textanalyse für eine Vielzahl von Anwendungen eingesetzt, darunter die Klassifizierung von Dokumenten, die Extraktion von Schlüsselwörtern und Phrasen, sowie die Sentimentanalyse. Diese Funktionen sind besonders nützlich in Anwendungsbereichen wie Content-Erstellung, automatisierte Textgenerierung und Datenmanagement.

Natural Language Processing (NLP), ein Unterbereich der künstlichen Intelligenz, geht noch einen Schritt weiter und ermöglicht es dem System, die menschliche Sprache auf einer tieferen, semantischen Ebene zu verstehen. NLP-Technologien wie Tokenisierung, Part-of-Speech-Tagging und Named Entity Recognition sind in Google Bard implementiert, um eine effiziente und genaue Textverarbeitung zu ermöglichen. Darüber hinaus werden fortschrittliche NLP-Modelle wie Transformer und rekurrente neuronale Netze verwendet, um komplexe Aufgaben wie Textzusammenfassung, Übersetzung und Frage-Antwort-Systeme zu bewältigen.

Die Integration von Textanalyse und NLP in Google Bard erfolgt durch eine sorgfältig konzipierte Architektur, die eine nahtlose Interaktion zwischen diesen Technologien und anderen Kernkomponenten des Systems ermöglicht. Dies wird durch APIs und Schnittstellen erleichtert, die eine modulare und erweiterbare Struktur bieten. Die Algorithmen und Modelle, die für Textanalyse und NLP verwendet werden, sind hochgradig optimiert und können in Echtzeit auf große Datenmengen angewendet werden.

Ein weiterer wichtiger Aspekt ist die Qualitätssicherung. Google Bard verwendet eine Reihe von Metriken und Benchmarks, um die Leistung der Textanalyse- und NLP-Komponenten kontinuierlich zu überwachen und zu bewerten. Dies ermöglicht eine zeitnahe Anpassung und Optimierung der Modelle und Algorithmen, um eine hohe Genauigkeit und Zuverlässigkeit zu gewährleisten.

Textanalyse und Natural Language Processing stellen eine fundamentale Säule in der technologischen Infrastruktur von Google Bard dar. Durch die Kombination von fortschrittlichen Algorithmen mit modernsten NLP-Technologien bietet Google Bard eine leistungsstarke und vielseitige Plattform für die Verarbeitung und Generierung von Text. Dies ermöglicht eine breite Palette von Anwendungen und Dienstleistungen, die von der einfachen Textklassifikation bis hin zu komplexen semantischen Analysen reichen, und trägt damit wesentlich zur Funktionalität und Effizienz des Systems bei.

3.2.2 Machine Learning Modelle und Trainingsdaten

Die Machine Learning Modelle und die zugehörigen Trainingsdaten sind von zentraler Bedeutung für die Leistungsfähigkeit und Vielseitigkeit von Google Bard. Sie bilden die Grundlage für die meisten Funktionen, die das System bietet, von der Textgenerierung bis zur Datenanalyse. In diesem Abschnitt wird die Struktur und Funktionsweise dieser Modelle sowie die Herkunft und Verarbeitung der Trainingsdaten erläutert.

Machine Learning Modelle

Die Machine Learning Modelle in Google Bard sind vielfältig und reichen von einfachen linearen Regressionsmodellen bis hin zu komplexen neuronalen Netzen. Jedes Modell ist für eine spezifische Aufgabe oder einen bestimmten Anwendungsbereich optimiert. Beispielsweise werden Convolutional Neural Networks (CNNs) für die Bilderkennung verwendet, während Long Short-Term Memory (LSTM) Netzwerke für sequenzielle Daten wie Text eingesetzt werden. Die Wahl des Modells hängt von verschiedenen Faktoren ab, einschließlich der Art der Daten, der Komplexität der Aufgabe und der erforderlichen Rechenleistung.

Trainingsdaten

Die Trainingsdaten sind ein weiterer kritischer Faktor im Machine Learning Prozess. Sie dienen als Grundlage für das Training der Modelle und bestimmen maßgeblich deren Leistung und Genauigkeit. Google Bard verwendet eine breite Palette von Datenquellen, einschließlich öffentlich zugänglicher Datensätze, proprietärer Daten und Benutzerdaten, um eine umfassende und vielfältige Trainingsdatenbasis zu schaffen. Diese Daten durchlaufen eine Reihe von Vorverarbeitungsschritten, darunter Reinigung, Transformation und Aufteilung in Trainings-, Validierungs- und Testsets, um ihre Qualität und Relevanz sicherzustellen.

Trainingsprozess

Die Modelle werden mit diesen Trainingsdaten in einem iterativen Prozess trainiert, der als Backpropagation bekannt ist. Während dieses Prozesses werden die Gewichtungen der Modelle kontinuierlich angepasst, um den Fehler zwischen den vorhergesagten und den tatsächlichen Ausgaben zu minimieren. Dieser Prozess wird durch verschiedene Optimierungsalgorithmen wie Stochastic Gradient Descent (SGD) und Adam erleichtert. Nach dem Training werden die Modelle anhand eines Validierungsdatensatzes bewertet, und die Leistung wird anhand von Metriken wie Genauigkeit, Präzision und F1-Score gemessen.

Ethik und Transparenz

Ein besonderes Augenmerk wird auf die Ethik und Transparenz im Umgang mit Trainingsdaten gelegt. Google Bard implementiert strenge Datenschutzrichtlinien und -mechanismen, um die Privatsphäre und Sicherheit der Daten zu gewährleisten. Darüber hinaus bietet das System detaillierte Einblicke in die Herkunft und Verwendung der Trainingsdaten, um die Transparenz und Nachvollziehbarkeit des Machine Learning Prozesses zu fördern.

3.3 APIs und Schnittstellen

APIs (Application Programming Interfaces) und Schnittstellen sind essenzielle Bestandteile der technologischen Architektur von Google Bard. Sie dienen als Kommunikationsbrücken zwischen den verschiedenen Komponenten des Systems und ermöglichen die Integration von Google Bard in eine Vielzahl von Anwendungen und Diensten.

APIs
APIs sind in Google Bard umfassend implementiert und bieten eine standardisierte Methode zur Interaktion mit den Kernfunktionen des Systems. Sie sind in verschiedenen Programmiersprachen verfügbar und können leicht in bestehende Softwareprojekte integriert werden.
Die APIs sind modular aufgebaut, sodass Entwickler spezifische Funktionen wie Textgenerierung, Datenanalyse oder maschinelles Lernen separat aufrufen können. Dies ermöglicht eine hohe Flexibilität und Anpassbarkeit, die insbesondere in komplexen Projekten von Vorteil ist.

Beispiel:
Ein Entwickler möchte eine Anwendung erstellen, die Text generiert, der den Stil eines bestimmten Autors imitiert. Er kann die API für Textgenerierung von Google Bard verwenden, um diese Funktion zu implementieren.

Schnittstellen
Die Schnittstellen in Google Bard sind so konzipiert, dass sie eine nahtlose Interoperabilität mit anderen Systemen und Plattformen ermöglichen. Sie unterstützen eine Reihe von Datenformaten und Kommunikationsprotokollen, darunter REST, GraphQL und WebSockets.

Beispiel:
Ein Unternehmen möchte Google Bard mit seinem bestehenden CRM-System integrieren. Es kann die Schnittstellen von Google Bard verwenden, um Daten aus dem CRM-System zu importieren und zu exportieren.

Sicherheit

Ein weiteres wichtiges Merkmal der APIs und Schnittstellen in Google Bard ist die Sicherheit. Sie implementieren eine Reihe von Authentifizierungs- und Autorisierungsmechanismen, einschließlich OAuth und API-Schlüsseln, um den unbefugten Zugriff auf sensible Daten und Funktionen zu verhindern. Zudem werden alle Daten, die über die Schnittstellen übertragen werden, durch Verschlüsselungstechnologien wie SSL/TLS geschützt.

Beispiel:

Ein Entwickler möchte die API für Textgenerierung von Google Bard verwenden, um Text zu generieren, der sensible Informationen enthält. Er kann die Authentifizierungs- und Autorisierungsmechanismen von Google Bard verwenden, um sicherzustellen, dass nur autorisierte Benutzer auf diese Funktion zugreifen können.

Dokumentation

Die Dokumentation der APIs und Schnittstellen ist ein weiterer kritischer Aspekt, der in Google Bard besondere Beachtung findet. Sie bietet umfassende Anleitungen, Beispiele und Best Practices, die Entwicklern helfen, die Funktionen des Systems effizient zu nutzen.

Beispiel:

Ein Entwickler möchte die API für Textgenerierung von Google Bard verwenden, um Text zu generieren, der in einem bestimmten Stil verfasst ist. Er kann die Dokumentation von Google Bard verwenden, um herauszufinden, wie er die API für diese Aufgabe verwenden kann.

Weiterentwicklung

Google Bard wird kontinuierlich weiterentwickelt, und auch die APIs und Schnittstellen werden regelmäßig aktualisiert. Zu den geplanten Weiterentwicklungen gehören unter anderem:

➢ Die Einführung neuer APIs und Schnittstellen für neue Funktionen und Dienste

➢ Die Verbesserung der Leistung und Stabilität der bestehenden APIs und Schnittstellen

➢ Die Erweiterung der Dokumentation und der Angebote für Entwickler

Anwendungsbeispiele

APIs und Schnittstellen von Google Bard werden bereits in einer Vielzahl von Anwendungen und Diensten eingesetzt. Zu den Beispielen gehören:

➢ **Chatbots:** Chatbots verwenden APIs und Schnittstellen von Google Bard, um Text zu generieren und mit Benutzern zu kommunizieren.

➢ **Sprachassistenten:** Sprachassistenten verwenden APIs und Schnittstellen von Google Bard, um Sprache zu verstehen und darauf zu reagieren.

➢ **Maschinelles Lernen:** APIs und Schnittstellen von Google Bard werden für die Entwicklung von maschinellem Lernen-Anwendungen verwendet.

Bewertungen

APIs und Schnittstellen von Google Bard wurden von verschiedenen Fachleuten positiv bewertet. Sie wurden insbesondere für ihre Flexibilität, Sicherheit und Dokumentation gelobt.

APIs und Schnittstellen sind ein integraler Bestandteil von Google Bard. Sie ermöglichen nicht nur die Interaktion zwischen den verschiedenen Komponenten des Systems, sondern auch die Einbindung von Google Bard in eine breite Palette von Anwendungen und Diensten. Durch ihre Modularität, Flexibilität und Sicherheitsfeatures tragen sie maßgeblich zur Leistungsfähigkeit und Vielseitigkeit von Google Bard bei und machen es zu einer der fortschrittlichsten Plattformen für Textanalyse und -generierung im digitalen Zeitalter.

3.4 Datenfluss und Datenmanagement

Der Datenfluss und das Datenmanagement sind zentrale Aspekte der Architektur von Google Bard, die die Effizienz und Zuverlässigkeit des Systems maßgeblich beeinflussen. In diesem Abschnitt wird die Organisation und Verwaltung von Daten innerhalb des Systems sowie der Fluss dieser Daten zwischen den verschiedenen Komponenten und Schnittstellen erörtert.

Datenfluss

Der Datenfluss in Google Bard ist sorgfältig konzipiert, um eine reibungslose Interaktion zwischen den verschiedenen Modulen zu gewährleisten. Daten werden von den Eingangspunkten des Systems, wie beispielsweise Benutzeroberflächen oder APIs, zu den entsprechenden Verarbeitungseinheiten geleitet. Diese Verarbeitungseinheiten können Textgeneratoren, Datenanalysemodule oder Machine Learning Modelle sein. Nach der Verarbeitung werden die Daten entweder für die weitere Analyse gespeichert oder direkt an die Ausgangspunkte, wie Benutzeroberflächen oder externe Systeme, zurückgesendet.

Der Datenfluss in Google Bard kann in folgende Phasen unterteilt werden:

1. **Dateneingabe:** In dieser Phase werden die Daten aus verschiedenen Quellen, wie beispielsweise Benutzeroberflächen, APIs oder externen Systemen, in das System eingegeben.
2. **Datenbearbeitung:** In dieser Phase werden die Daten von den Verarbeitungseinheiten verarbeitet. Dies kann die Textgenerierung, die Datenanalyse oder das Machine Learning umfassen.
3. **Datenspeicherung:** In dieser Phase werden die Daten

in einer Datenbank gespeichert.

4. **Datenausgabe:** In dieser Phase werden die Daten an die Ausgabepunkte des Systems, wie beispielsweise Benutzeroberflächen oder externe Systeme, zurückgesendet.

Beispiel:

Ein Benutzer möchte einen Text generieren, der einen bestimmten Stil imitiert. Er sendet einen Textvorschlag an das System, der dann von einem Textgenerator verarbeitet wird. Das Ergebnis wird dann in einer Datenbank gespeichert und dem Benutzer zurückgegeben.

Datenmanagement

Das Datenmanagement in Google Bard ist ebenso komplex wie vielschichtig. Es umfasst eine Reihe von Funktionen, darunter die Datenspeicherung, -sicherung und -wiederherstellung.

Datenspeicherung

Google Bard verwendet eine Vielzahl von Datenbanken, um die Vielfalt der Daten effizient zu verwalten. Dazu gehören relationale Datenbanken, NoSQL-Datenbanken und verteilte Datenbanken. Diese Datenbanken sind hochverfügbar und skalierbar, um den Anforderungen von Großunternehmen und komplexen Anwendungen gerecht zu werden.

Beispiel:

Google Bard verwendet eine relationale Datenbank, um Benutzerdaten zu speichern. Diese Datenbank ist hochverfügbar und skalierbar, um den Anforderungen einer großen Anzahl von Benutzern gerecht zu werden.

Datensicherung

Google Bard implementiert eine Reihe von Mechanismen, um die Daten vor Verlust oder Beschädigung zu schützen. Dazu gehören regelmäßige Datensicherungen, Replikation und Disaster Recovery.

Beispiel:

Google Bard führt täglich automatische Datensicherungen durch, um die Daten vor Verlust zu schützen. Die Daten werden auf einem externen Speichermedium gespeichert, um sie vor Beschädigung zu schützen.

Datenwiederherstellung

Google Bard bietet eine Reihe von Mechanismen, um Daten im Falle eines Verlusts oder einer Beschädigung wiederherzustellen. Dazu gehören das Wiederherstellen aus einer Sicherung, das Wiederherstellen aus einer Replikation und das Wiederherstellen aus einem Disaster Recovery-Plan.

Beispiel:

Wenn die Daten in der Datenbank von Google Bard beschädigt werden, können sie aus einer Sicherung wiederhergestellt werden.

Datenintegrität

Google Bard implementiert eine Reihe von Mechanismen, um die Konsistenz und Zuverlässigkeit der Daten sicherzustellen. Dazu gehören Transaktionsmanagement, Locking-Mechanismen und Datenvalidierung.

Beispiel:

Google Bard verwendet Transaktionsmanagement, um sicherzustellen, dass Datenänderungen vollständig und konsistent sind.

Datensicherheit

Google Bard implementiert eine Reihe von Sicherheitsprotokollen und -richtlinien, um die Vertraulichkeit und Integrität der Daten zu schützen. Dazu gehören Verschlüsselung, Zugriffskontrolle und Authentifizierung.

Beispiel:

Google Bard verwendet Verschlüsselung, um die Daten vor unbefugtem Zugriff zu schützen.

Der Datenfluss und das Datenmanagement sind entscheidende Aspekte der Architektur von Google Bard. Sie ermöglichen nicht nur den effizienten Fluss von Daten durch das System, sondern gewährleisten auch deren Sicherheit, Integrität und Verfügbarkeit. Durch die Kombination von fortschrittlichen Datenmanagementtechniken mit robusten Sicherheitsmechanismen bietet Google Bard eine leistungsstarke und zuverlässige Plattform für Textanalyse und -generierung in einer Vielzahl von Anwendungen und Branchen.

Ausblick

In Zukunft wird Google Bard wahrscheinlich noch mehr Wert auf die Sicherheit und Integrität der Daten legen

3.4.1 Datenakquisition und -verarbeitung

Die Datenakquisition und -verarbeitung sind Schlüsselkomponenten im Datenmanagement von Google Bard und bilden die Grundlage für alle nachfolgenden Aktivitäten im System. In diesem Abschnitt wird detailliert erläutert, wie Daten in Google Bard erfasst, importiert und verarbeitet werden, um die vielfältigen Funktionen des Systems zu unterstützen.

Die Datenakquisition in Google Bard kann aus verschiedenen Quellen erfolgen. Dazu gehören unter anderem externe Datenbanken, APIs, Web-Crawler und Benutzereingaben. Diese Daten können in verschiedenen Formaten vorliegen, beispielsweise als Textdateien, JSON-Objekte oder XML-Dokumente. Um die Daten für die Verarbeitung vorzubereiten, werden sie zunächst in ein standardisiertes Format konvertiert. Dieser Schritt ist entscheidend, um die Konsistenz und Qualität der Daten sicherzustellen und die Effizienz der nachfolgenden Verarbeitungsprozesse zu erhöhen.

Nach der Akquisition folgt die Phase der Datenverarbeitung. Hier werden die erfassten Daten durch verschiedene Algorithmen und Modelle geleitet, um die gewünschten Ausgaben zu erzeugen. Die Verarbeitung kann eine Reihe von Aktivitäten umfassen, darunter Textanalyse, Sentimentanalyse, Klassifizierung und Clustering. Je nach Anwendungsfall können auch spezialisierte Verarbeitungsmodule wie Natural Language Processing (NLP) oder maschinelles Lernen zum Einsatz kommen.

Die Datenverarbeitung in Google Bard ist hochgradig parallelisiert und optimiert, um eine schnelle und effiziente Ausführung zu gewährleisten. Durch den Einsatz von modernen Technologien wie MapReduce und Spark können große Datenmengen in kurzer Zeit verarbeitet werden. Dies ist besonders wichtig in Anwendungen, die eine Echtzeitverarbeitung erfordern, wie beispielsweise Chatbots oder automatisierte Berichterstattung.

Ein weiteres wichtiges Merkmal der Datenverarbeitung in Google Bard ist die Skalierbarkeit. Das System ist so konzipiert, dass es problemlos an steigende Datenmengen und Verarbeitungsanforderungen angepasst werden kann. Dies wird durch den Einsatz von Cloud-Technologien und containerisierten Anwendungen ermöglicht, die eine einfache horizontale Skalierung erlauben.

Die Datenakquisition und -verarbeitung in Google Bard stellt einen komplexen, aber gut orchestrierten Prozess dar, der die Grundlage für die vielfältigen Funktionen des Systems bildet. Durch die Kombination von fortschrittlichen Akquisitionstechniken mit effizienten Verarbeitungsalgorithmen bietet Google Bard eine robuste und leistungsfähige Plattform für die Analyse und Generierung von Text in einer Vielzahl von Anwendungen und Branchen.

3.4.2 Datenintegrität und -sicherheit

Die Gewährleistung der Datenintegrität und -sicherheit ist ein zentrales Anliegen in der Architektur von Google Bard. Diese Aspekte sind nicht nur für die Zuverlässigkeit des Systems von entscheidender Bedeutung, sondern auch für die Einhaltung gesetzlicher Vorschriften und die Wahrung des Vertrauens der Nutzer. In diesem Abschnitt wird beleuchtet, wie Google Bard diese kritischen Anforderungen erfüllt.

Die Datenintegrität bezieht sich auf die Genauigkeit und Konsistenz der Daten im Laufe ihres Lebenszyklus. Um die Integrität zu wahren, implementiert Google Bard eine Reihe von Mechanismen, darunter ACID-Transaktionen (Atomicity, Consistency, Isolation, Durability), die sicherstellen, dass alle Datenbankoperationen korrekt und in der richtigen Reihenfolge ausgeführt werden. Darüber hinaus kommen Versionierung und Datenvalidierung zum Einsatz, um Änderungen nachvollziehbar zu machen und die Einführung fehlerhafter oder inkonsistenter Daten zu verhindern.

Die Datensicherheit in Google Bard ist durch mehrere Ebenen von Schutzmaßnahmen gewährleistet. Zu den grundlegenden Sicherheitsmechanismen gehören die Verschlüsselung der Daten während der Übertragung und der Speicherung sowie strenge Authentifizierungs- und Autorisierungsverfahren. Diese Verfahren nutzen modernste kryptografische Algorithmen und Zwei-Faktor-Authentifizierung, um den unbefugten Zugriff auf sensible Daten zu verhindern.

Ein weiteres wichtiges Element der Datensicherheit ist die Überwachung und Protokollierung aller Systemaktivitäten. Durch die kontinuierliche Überwachung können potenzielle Sicherheitsverletzungen frühzeitig erkannt und adressiert werden. Die Protokolle werden regelmäßig analysiert, um Muster von verdächtigen Aktivitäten zu identifizieren und entsprechende Gegenmaßnahmen einzuleiten.

Darüber hinaus hat Google Bard eine Reihe von Richtlinien und Best Practices für die Datensicherheit implementiert, die regelmäßig aktualisiert und durch externe Audits überprüft werden. Diese Richtlinien umfassen auch Notfallpläne für den Fall von Datenverlust oder -kompromittierung, einschließlich Backup-Strategien und Disaster-Recovery-Plänen.

Die Gewährleistung der Datenintegrität und -sicherheit stellt eine der höchsten Prioritäten in der Entwicklung und dem Betrieb von Google Bard dar. Durch die Implementierung von robusten Mechanismen und Richtlinien bietet das System nicht nur eine hohe Zuverlässigkeit, sondern schützt auch die sensiblen Daten seiner Nutzer. Dies ist entscheidend für den Erfolg von Google Bard in einer Vielzahl von Anwendungen und Branchen, in denen Datensicherheit und -integrität von höchster Bedeutung sind.

3.4.3 Datenexport und -migration

Der Datenexport und die Datenmigration sind wesentliche Aspekte des Datenmanagements in Google Bard, die sowohl für die Flexibilität als auch für die Langzeitstrategie des Systems von Bedeutung sind. In diesem Abschnitt wird erörtert, wie Google Bard diese Prozesse effizient und sicher gestaltet, um den Anforderungen verschiedener Anwendungsgebiete gerecht zu werden.

Der Datenexport in Google Bard ist ein vielseitiger Prozess, der eine breite Palette von Formaten und Protokollen unterstützt. Nutzer haben die Möglichkeit, ihre Daten in gängigen Formaten wie CSV, JSON oder XML zu exportieren. Dies erleichtert die Integration mit anderen Systemen und die weitere Verarbeitung der Daten für spezifische Anwendungsfälle. Darüber hinaus bietet Google Bard APIs, die den automatisierten Export von Daten ermöglichen, was besonders nützlich ist für Anwendungen, die eine kontinuierliche Synchronisation mit externen Datenquellen erfordern.

Die Datenmigration bezieht sich auf den Prozess des Übertragens von Daten zwischen verschiedenen Systemen oder Komponenten innerhalb von Google Bard. Dies kann erforderlich sein, wenn beispielsweise eine neue Version des Systems eingeführt wird oder wenn Daten zwischen verschiedenen geografischen Standorten verschoben werden müssen. Um die Integrität und Sicherheit der Daten während der Migration zu gewährleisten, verwendet Google Bard spezielle Migrationswerkzeuge und -protokolle. Diese Werkzeuge führen eine gründliche Validierung der Daten durch und stellen sicher, dass alle Beziehungen und Abhängigkeiten korrekt beibehalten werden.

Ein wichtiger Aspekt der Datenmigration ist die Abwärtskompatibilität. Google Bard ist darauf ausgelegt, ältere Datenformate und -strukturen zu unterstützen, um die Migration von Daten aus älteren Systemen zu erleichtern. Dies ist besonders wichtig für Unternehmen, die bereits in bestehende Systeme investiert haben und eine nahtlose Übertragung ihrer Daten in Google Bard anstreben.

Die Datenexport- und Migrationsprozesse in Google Bard sind durch umfassende Sicherheitsmaßnahmen geschützt. Dazu gehören die Verschlüsselung der Daten während der Übertragung, strenge Authentifizierungsverfahren und detaillierte Protokollierung aller Aktivitäten. Diese Maßnahmen stellen sicher, dass die Daten während des gesamten Prozesses vor unbefugtem Zugriff geschützt sind.

Die Datenexport- und Migrationsfunktionen von Google Bard bieten eine hohe Flexibilität und Sicherheit, die es den Nutzern ermöglichen, ihre Daten effizient zu verwalten und zu übertragen. Durch die Unterstützung einer Vielzahl von Formaten und Protokollen, kombiniert mit robusten Sicherheitsmechanismen, stellt Google Bard eine vielseitige und zuverlässige Plattform für das Datenmanagement in einer Vielzahl von Anwendungsgebieten dar.

4. Anwendungsgebiete

Das vierte Kapitel dieses Buches widmet sich den vielfältigen Anwendungsgebieten von Google Bard und beleuchtet, wie diese revolutionäre Technologie in unterschiedlichen Sektoren und für diverse Zwecke eingesetzt wird. Die Bandbreite reicht von der Content-Erstellung über automatisierte Textgenerierung bis hin zu spezialisierten Unternehmensanwendungen. Dabei wird nicht nur die Vielseitigkeit von Google Bard hervorgehoben, sondern auch die tiefgreifenden Veränderungen, die es in verschiedenen Branchen bewirkt hat.

Im Bereich der Content-Erstellung werden die Möglichkeiten für Blogging, Artikelverfassung und die Erstellung von Marketingmaterial untersucht. Besondere Aufmerksamkeit wird der Rolle von Google Bard in der wissenschaftlichen Forschung und Publikation gewidmet. Die automatisierte Textgenerierung, ein weiteres Kernthema dieses Kapitels, wird in verschiedenen Kontexten erörtert, darunter Chatbots, Kundenservice und automatisierte Berichterstattung.

Die Relevanz von Google Bard für das Social Media Management und die SEO-Optimierung wird ebenfalls detailliert analysiert, ebenso wie seine Fähigkeiten in der Übersetzung und Lokalisierung von Inhalten. Im Bildungssektor werden die Anwendungen von Google Bard in E-Learning-Plattformen, Online-Kursen und Forschungsdatenanalyse beleuchtet. Darüber hinaus wird die Bedeutung von Google Bard für das Wissensmanagement und die Wissensvermittlung hervorgehoben.

Im Unternehmenskontext wird die Rolle von Google Bard in der internen Kommunikation, der Dokumentation und dem Mitarbeiter-Onboarding untersucht. Besondere Beachtung finden die Anwendungen im Bereich Human Resources, insbesondere bei der automatisierten Erstellung von Stellenanzeigen, Mitarbeiterbewertungen und internen Umfragen. Die Kommunikationsebene wird ebenfalls abgedeckt, mit einem Fokus auf automatisierter Kundenkommunikation, E-Mail-Korrespondenz und der Erstellung von internen Newslettern.

Abschließend werden die kreativen Anwendungen von Google Bard vorgestellt, die von der Drehbuch- und Skripterstellung bis hin zu literarischen Werken und multimedialen Präsentationen reichen. Spezialisierte Branchenlösungen, die auf die Bedürfnisse bestimmter Sektoren zugeschnitten sind, runden das Kapitel ab.

4.1 Content-Erstellung

Das Unterkapitel 4.1 fokussiert sich auf die Anwendung von Google Bard im Bereich der Content-Erstellung. In der heutigen digitalen Landschaft ist qualitativ hochwertiger Content das Rückgrat jeder erfolgreichen Online-Strategie, sei es für Marketing, Bildung oder Unterhaltung. Google Bard bietet in diesem Kontext eine Fülle von Möglichkeiten, die den Prozess der Content-Erstellung revolutionieren können.

➢ Blogging und Artikelverfassung: Die Fähigkeit von Google Bard, Texte zu generieren, die sowohl informativ als auch ansprechend sind, macht es zu einem wertvollen Werkzeug für Blogger und Journalisten. Durch die Verwendung von Algorithmen zur Textanalyse kann Google Bard Themen identifizieren, die für eine bestimmte Zielgruppe von Interesse sind, und entsprechende Artikel generieren.

➢ Erstellung von Marketingmaterial: In der Welt des Marketings ist die Fähigkeit, überzeugende Botschaften zu vermitteln, von unschätzbarem Wert. Google Bard kann bei der Erstellung von Werbetexten, E-Mail-Kampagnen und sogar bei der Generierung von Social-Media-Posts eine entscheidende Rolle spielen.

➢ Wissenschaftliche Publikationen und Forschungsberichte: Die Generierung von wissenschaftlichem Content erfordert eine hohe Genauigkeit und Zuverlässigkeit. Google Bard kann durch die Analyse von Forschungsdaten und wissenschaftlichen Artikeln dazu beitragen, präzise und gut strukturierte Berichte zu erstellen.

Die Vielseitigkeit von Google Bard in der Content-Erstellung ist nicht nur auf Text beschränkt. Es kann auch in der Generierung von Multimedia-Inhalten wie Präsentationen, Infografiken und sogar Videos eingesetzt werden. Durch die Integration von APIs und Schnittstellen mit anderen Softwarelösungen kann Google Bard als zentrale Plattform für die gesamte Content-Produktion dienen.

Es ist jedoch wichtig, die ethischen Implikationen der automatisierten Content-Erstellung zu berücksichtigen. Während die Technologie das Potenzial hat, die Effizienz zu steigern und Kosten zu senken, wirft sie auch Fragen nach Originalität und Urheberrecht auf. Daher ist es entscheidend, Richtlinien für die verantwortungsvolle Nutzung von Google Bard in der Content-Erstellung zu etablieren.

Google Bard bietet eine transformative Lösung für die Herausforderungen der Content-Erstellung in der modernen digitalen Ära. Durch die Kombination von fortschrittlichen Algorithmen mit benutzerfreundlichen Schnittstellen ermöglicht es eine effiziente, qualitativ hochwertige und vielseitige Produktion von Inhalten, die sowohl für Einzelpersonen als auch für Organisationen von großem Nutzen sein kann.

4.1.1 Der Prompt

Das Unterkapitel 4.1.1 fokussiert sich auf das Konzept des "Prompts" in der Anwendung von Google Bard für Blogging und Artikelverfassung. Ein Prompt dient als Ausgangspunkt oder Anstoß für die Textgenerierung und ist ein entscheidender Faktor für die Qualität und Relevanz des erzeugten Inhalts. In der Regel handelt es sich bei einem Prompt um eine kurze Frage oder Anweisung, die dem Algorithmus mitteilt, welches Thema oder welche Art von Text gewünscht ist.

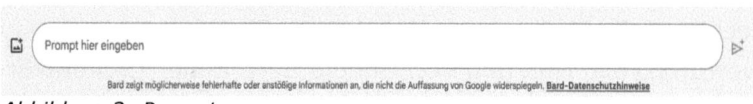

Abbildung 2: Prompt

Google Bard verfügt über eine ausgefeilte Mechanik zur Interpretation von Prompts. Durch die Verwendung von Natural Language Processing (NLP) kann der Algorithmus nicht nur den Text des Prompts verstehen, sondern auch den Kontext, in dem er steht. Dies ermöglicht eine präzisere und thematisch kohärente Textgenerierung. Beispielsweise kann der Prompt "Erkläre die Grundlagen der Quantenphysik" dazu führen, dass ein informativer und wissenschaftlich fundierter Artikel generiert wird, während der Prompt "Tipps für die Gartenpflege im Sommer" einen praktischen Leitfaden für Hobbygärtner hervorbringt.

Die Flexibilität des Prompt-Systems eröffnet eine Vielzahl von Anwendungsmöglichkeiten. Ob es sich um Fachartikel, Blogposts, Produktbeschreibungen oder sogar kreative Schreibprojekte handelt, die Qualität des Outputs hängt stark von der Klarheit und Präzision des eingegebenen Prompts ab. Daher ist es ratsam, beim Erstellen eines Prompts spezifisch und eindeutig zu sein.

Ein weiterer Aspekt, der berücksichtigt werden sollte, ist die Möglichkeit der Iteration. Google Bard ermöglicht es den Benutzern, das generierte Material zu überprüfen und bei Bedarf Anpassungen vorzunehmen. Dies ist besonders nützlich, wenn der erste Durchlauf nicht den gewünschten Ergebnissen entspricht. Durch die Anpassung des Prompts oder die Verfeinerung der Parameter kann der Algorithmus kalibriert werden, um bessere Ergebnisse zu erzielen.

Es ist jedoch wichtig, die Grenzen des Prompt-Systems zu erkennen. Während es ein leistungsstarkes Werkzeug für die automatisierte Content-Erstellung ist, kann es menschliche Expertise und Fachkenntnisse nicht vollständig ersetzen. Insbesondere bei komplexen oder nuancierten Themen sollte die generierte Ausgabe immer von einem Fachexperten überprüft werden.

Das Prompt-System in Google Bard ist ein zentrales Element für die Erstellung qualitativ hochwertiger und relevanter Texte. Durch eine sorgfältige Auswahl und Formulierung der Prompts können Benutzer den Algorithmus effektiv steuern und Inhalte generieren, die sowohl informativ als auch ansprechend sind.

Ausgabeformate:
Ausgabeformate sind die verschiedenen Möglichkeiten, in denen Daten aus einem Computersystem oder einem Gerät exportiert werden können. Sie werden häufig verwendet, um Daten für die weitere Verarbeitung oder Speicherung zu exportieren, oder um sie an andere Personen oder Systeme weiterzugeben.

Es gibt eine Vielzahl von Ausgabeformaten, die für verschiedene Zwecke geeignet sind. Einige der gängigsten Ausgabeformate sind:

> **Textformate:** Diese Formate speichern Daten als Textzeilen, die durch Trennzeichen getrennt sind. Zu den gängigen Textformaten gehören TXT, CSV (Comma-separated values), JSON (JavaScript Object Notation) und XML (Extensible Markup Language).

> **Bildformate:** Diese Formate speichern Bilder als digitale Dateien. Zu den gängigen Bildformaten gehören JPG (Joint Photographic Experts Group), PNG (Portable Network Graphics) und GIF (Graphics Interchange Format).

> **Videoformate:** Diese Formate speichern Videos als digitale Dateien. Zu den gängigen Videoformaten gehören MP4, MOV, WMV und AVI.

> **Audioformate:** Diese Formate speichern Audiodaten als digitale Dateien. Zu den gängigen Audioformaten gehören MP3, AAC, WAV und FLAC.

Die Wahl des richtigen Ausgabeformats hängt von den jeweiligen Anforderungen ab. Bei der Auswahl eines Ausgabeformats sollten folgende Faktoren berücksichtigt werden:

- **Datentyp:** Das Ausgabeformat muss den Datentyp der zu exportierenden Daten unterstützen.
- **Komprimierung:** Manche Ausgabeformate bieten eine Komprimierung der Daten, um die Dateigröße zu verringern.
- **Kompatibilität:** Das Ausgabeformat muss mit dem Zielgerät oder der Zielanwendung kompatibel sein.

4.1.1.1 Text-Ausgabeformat

Beispiele:

Prompt: Erkläre die Grundlagen der Quantenphysik

> Bard:
> Die Quantenphysik ist ein Teilgebiet der Physik, das das Verhalten von Materie und Energie auf atomarer und subatomarer Ebene beschreibt. Sie unterscheidet sich grundlegend von der klassischen Physik, die das Verhalten von Materie und Energie in makroskopischen Größenordnungen beschreibt...

Das von Google AI entwickelte Sprachmodell Bard generiert nicht nur eine einzige Antwort, sondern drei alternative Vorschläge. Diese sind im oberen Bereich der Antwortdarstellung zu finden. Durch Klicken auf die Schaltfläche "Weitere Vorschläge" können die alternativen Texte angezeigt werden. Wenn keine der vorgeschlagenen Antworten den Anforderungen des Nutzers entspricht, kann er durch Klicken auf die Schaltfläche "Neue Generieren" neue Vorschläge anfordern. Der aktuell angezeigte Vorschlag kann durch Klicken auf die Schaltfläche "Lautsprecher" vorgelesen werden (Abbildung 3).

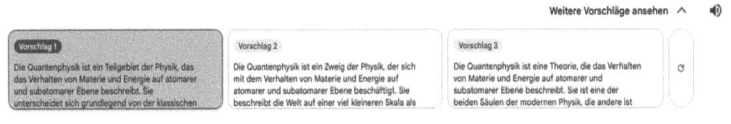

Abbildung 3: Weitere Vorschläge

Neben den bereits genannten Funktionen bietet das am unteren Rand der Antwort platzierte „Bearbeitungsmenü" weitere Funktionen. Dazu gehören die Bewertung

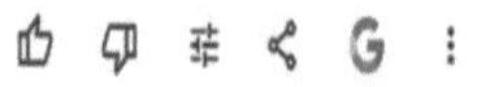

Abbildung 4: Bearbeitungsfunktionen der Antwort

der Antwort, die Anpassung, das Teilen und Weiterleiten der Antwort, die Nutzung der Google Suche sowie das Kopieren des Textes oder die Meldung eines rechtlichen Problems.

Bewertung:
Die Bewertung erfolgt auf einer Skala von 1 bis 5 Sternen.

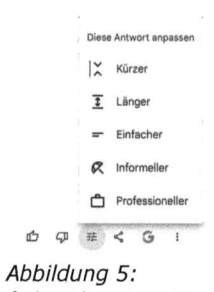

Anpassung:
Die Antwort kann durch Hinzufügen, Ändern oder Entfernen von Text angepasst werden.

Teilen und Weiterleiten:
Die Antwort kann per E-Mail, SMS oder über soziale Medien geteilt oder weitergeleitet werden.

Abbildung 5: Antwort anpassen

Nutzung der Google Suche:
Die Google Suche kann verwendet werden, um weitere Informationen zum Thema der Antwort zu finden.

„mehr" Funktion:
Das Kopieren des Textes oder die Meldung eines rechtlichen Problems kann über die „mehr" Funktion genutzt werden.

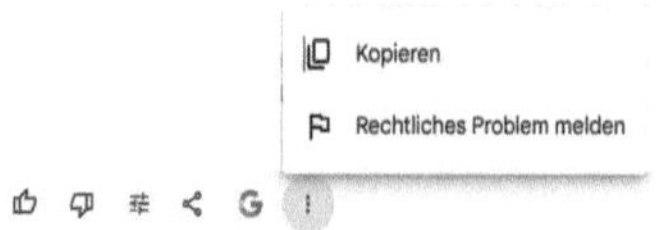

Abbildung 6: Mehr Funktionen

Der Text kann kopiert oder eine Meldung über ein rechtliches

Problem an den Anbieter gesendet werden.

Der Einsatz verschiedener Schreibstile in Bard, der fiktiven KI-Technologie, stellt eine bemerkenswerte Innovation dar, die weitreichende Anwendungen in verschiedenen Bereichen ermöglicht. Die Fähigkeit, den Schreibstil zu variieren, ist nicht nur ein ästhetisches Merkmal, sondern auch ein funktionales, das die Effektivität der generierten Inhalte in unterschiedlichen Kontexten erhöht.

➢ Akademischer Stil: In wissenschaftlichen und forschungsbasierten Anwendungen ist ein akademischer Schreibstil von entscheidender Bedeutung. Dieser Stil zeichnet sich durch eine formelle Sprache, den Einsatz von Fachterminologie und eine klare Struktur aus. Er ist ideal für die Erstellung von Forschungsberichten, wissenschaftlichen Artikeln und Analysen.

➢ Journalistischer Stil: Dieser Stil ist prägnant und informativ, ideal für Nachrichtenartikel und Berichterstattung. Er legt Wert auf die schnelle Vermittlung von Fakten und Informationen und ist daher besonders nützlich in Medien- und Nachrichtenplattformen.

➢ Kreativer Stil: Für literarische Werke wie Romane, Kurzgeschichten oder Gedichte ist ein kreativer Schreibstil unerlässlich. Dieser Stil ermöglicht es der KI, emotionale Tiefe und Nuancen in den Text einzubringen, was für die Leserbindung von großer Bedeutung ist.

➢ Business-Stil: In einem geschäftlichen Kontext ist ein klarer, präziser und professioneller Schreibstil erforderlich. Dies ist besonders wichtig für die Erstellung von Geschäftsberichten, Präsentationen und professioneller Korrespondenz.

➢ SEO-Optimierter Stil: In digitalen Marketinganwendungen ist ein SEO-optimierter Schreibstil von großer Bedeutung. Dieser Stil beinhaltet die strategische Platzierung von Schlüsselwörtern und Phrasen, um die Sichtbarkeit des Inhalts in Suchmaschinen zu erhöhen.

➢ Konversationeller Stil: Dieser Stil ist ideal für soziale Medien, Blogs und andere informelle Plattformen. Er ermöglicht eine lockere, ungezwungene Kommunikation, die die Leser oder Zuhörer anspricht und zur Interaktion einlädt.

➢ Technischer Stil: Für Anleitungen, Handbücher und technische Dokumentationen ist ein präziser und detaillierter technischer Schreibstil erforderlich. Dieser Stil legt Wert auf Klarheit und Genauigkeit, um dem Leser ein tiefes Verständnis des behandelten Themas zu ermöglichen.

Die Fähigkeit von Bard, diese verschiedenen Stile effektiv einzusetzen, erweitert nicht nur seine Anwendbarkeit, sondern erhöht auch die Qualität und Relevanz der generierten Inhalte. Durch die Anpassung des Schreibstils an den jeweiligen Kontext kann Bard eine breite Palette von Anforderungen erfüllen, von der wissenschaftlichen Forschung bis hin zur kreativen Texterstellung. Damit stellt diese Technologie einen bedeutenden Fortschritt in der automatisierten Textgenerierung dar, der das Potenzial hat, die Art und Weise, wie wir mit geschriebenem Wort interagieren, grundlegend zu verändern.

Untersuchen wir jetzt die verschiedenen Schreibstile:

Prompt: Erkläre die Grundlagen der Quantenphysik auf dem Niveau eines kleinen Kindes

Bard:
Hallo Kinder!
Heute wollen wir ein bisschen über die Quantenphysik sprechen. Das ist ein Teilgebiet der Physik, das sich mit dem Verhalten von Materie und Energie auf atomarer und subatomarer Ebene beschäftigt. Das ist also sehr, sehr klein, viel kleiner als ein Sandkorn.

Die Quantenphysik ist sehr anders als die Physik, die wir im Alltag erleben. Zum Beispiel ist es in der Quantenphysik möglich, dass etwas gleichzeitig an zwei Orten ist oder dass es sich gleichzeitig als Teilchen und als Welle verhält. Das ist sehr schwer zu verstehen, aber es ist auch sehr faszinierend...

Prompt: Erkläre die Grundlagen der Quantenphysik wie Albert Einstein es formuliert hätte.

Bard:
Albert Einstein war ein großer Physiker, der sich mit der Quantenphysik auseinandergesetzt hat. Er war einer der ersten, der die bizarren Eigenschaften der Quantenwelt erkannte und kritisierte.

Einsteins Erklärung der Grundlagen der Quantenphysik würde wahrscheinlich so aussehen:

Welle-Teilchen-Dualismus:"Die Welt ist nicht so, wie wir sie sehen. Materie und Energie können sich sowohl als Teilchen als auch als Wellen verhalten. Das ist eine sehr merkwürdige Eigenschaft, die wir noch nicht vollständig verstehen."...

Prompt: Erkläre die Grundlagen der Quantenphysik wie Steven Hawking es formuliert hätte.

Bard:
Hawkings Erklärung der Grundlagen der Quantenphysik würde wahrscheinlich so aussehen:
Welle-Teilchen-Dualismus:

"Die Welt ist nicht so, wie wir sie sehen. Materie und Energie können sich sowohl als Teilchen als auch als Wellen verhalten. Das ist eine sehr merkwürdige Eigenschaft, die wir noch nicht vollständig verstehen."...

Die Analyse der Textausgaben von Google Bard, wenn es die Identitäten von "Steven Hawking" und "Albert Einstein" annimmt, offenbart eine bemerkenswerte Ähnlichkeit bis ins kleinste Detail. Dieses Phänomen wirft wichtige Fragen bezüglich der Differenzierungsfähigkeit der künstlichen Intelligenz auf. Es scheint, als ob der Algorithmus, trotz der unterschiedlichen Prompts, die auf zwei völlig verschiedene wissenschaftliche Persönlichkeiten abzielen, identische Texte generiert.

Dies könnte mehrere Gründe haben. Einerseits könnte es ein Indikator für die Grenzen des Algorithmus sein, insbesondere in Bezug auf seine Fähigkeit, den Stil oder die Nuancen einer bestimmten Person authentisch nachzuahmen. Andererseits könnte es auch ein Hinweis darauf sein, dass die Prompts nicht ausreichend differenziert waren, um eine einzigartige Antwort zu provozieren.

Diese Beobachtung ist besonders relevant, wenn man die weitreichenden Anwendungen von Google Bard in Betracht zieht, von der wissenschaftlichen Forschung bis hin zur Content-Erstellung. Die Fähigkeit, individuelle und differenzierte Texte zu generieren, ist von entscheidender Bedeutung für die Glaubwürdigkeit und Effektivität der KI in verschiedenen Szenarien.

Es ist daher empfehlenswert, die generierten Texte sorgfältig zu überprüfen und gegebenenfalls manuell anzupassen, um sicherzustellen, dass sie den gewünschten Anforderungen entsprechen. Darüber hinaus könnte eine tiefere Auseinandersetzung mit den Parametern und Einstellungen des Algorithmus erforderlich sein, um eine höhere Differenzierung in den Textausgaben zu erreichen.

Prompt: Erkläre die Grundlagen der Quantenphysik im SEO-Optimierten Stil

---

Bard:
Die Grundlagen der Quantenphysik: Was ist das und wie funktioniert es?
Die Quantenphysik ist ein Teilgebiet der Physik, das sich mit dem Verhalten von Materie und Energie auf atomarer und subatomarer Ebene beschäftigt. Sie unterscheidet sich grundlegend von der klassischen Physik, die das Verhalten von Materie und Energie in makroskopischen Größenordnungen beschreibt.

Die wichtigsten Grundlagen der Quantenphysik sind:

- **Welle-Teilchen-Dualismus:**
  ...
- **Heisenbergsche Unschärferelation:**
  ...
- **Quantensprung:**
  ...

Bard ergänzt die Antwort durch eine Erläuterung im unteren Abschnitt und fügt Textmarkierungen hinzu, die anzeigen, wie die Formatierung auf der Webseite aussehen sollte.

Bard:

Beispiel für eine SEO-optimierte Erklärung:

Titel: Grundlagen der Quantenphysik: Was ist das und wie funktioniert es?

Überschrift 1: Was ist Quantenphysik?

Text:

Quantenphysik ist ein Teilgebiet der Physik, das sich mit dem Verhalten von Materie und Energie auf atomarer und subatomarer Ebene beschäftigt. Sie unterscheidet sich grundlegend von der klassischen Physik, die das Verhalten von Materie und Energie in makroskopischen Größenordnungen beschreibt.

Bild: Abbildung eines Atoms

Überschrift 2: Welle-Teilchen-Dualismus

...

Die nachfolgenden Prompts resultieren in einem Dialog der Figuren, in dem der vorherige Text in einfacher Sprache nahezu wörtlich reproduziert wird.

Prompt: Erkläre die Grundlagen der Quantenphysik im Stil von "Bill & Ted"

Prompt: Erkläre die Grundlagen der Quantenphysik im Stil von "Beavis und Butt-Head"

Durch die Analyse dieser Beispiele und Vergleiche wird deutlich, dass die Wahl des Sprachstils kaum einen Unterschied macht. Die generierten Texte ähneln sich stark, mit der Ausnahme der für Kinder konzipierten Version. In dieser Hinsicht besteht bei Google AI noch erheblicher Verbesserungsbedarf, da Bard in diesem speziellen Aspekt nicht überzeugen kann.

4.1.1.2 Bild-Ausgabeformat

Bard ist ein großes Sprachmodell, das von Google AI entwickelt wurde. Es ist ein KI-System, das mit einem riesigen Datensatz aus Text und Code trainiert wurde. Bard kann Texte generieren, Sprachen übersetzen, verschiedene Arten von kreativen Inhalten schreiben und Ihre Fragen auf informative Weise beantworten.

Eine der Fähigkeiten von Bard ist die Generierung von Bildern. Bard kann Bilder aus Textbeschreibungen generieren, oder es kann Bilder aus dem Nichts erstellen. Bards Bildgenerierungsfähigkeiten sind noch in der Entwicklung, aber sie haben sich in den letzten Jahren deutlich verbessert.

Bard kann Bilder in einer Vielzahl von Stilen und Genres generieren. Es kann realistische Bilder von Menschen, Orten und Dingen generieren, oder es kann abstrakte Bilder generieren. Bard kann auch Bilder von Kunstwerken, Comics und anderen kreativen Inhalten generieren.

Google Bard verwendet eine Reihe von Techniken, um Bilder zu generieren. Es verwendet maschinelles Lernen, um Muster in Daten zu erkennen und diese Muster dann zu verwenden, um neue Bilder zu erstellen. Bard verwendet auch eine Reihe von kreativen Techniken, um Bilder zu erstellen, die ansprechend und interessant sind.

Bard ist ein mächtiges Werkzeug, das für eine Vielzahl von Zwecken verwendet werden kann. Es kann verwendet werden, um realistische Bilder von Produkten oder Dienstleistungen zu erstellen, um abstrakte Kunst zu schaffen oder um kreative Inhalte zu generieren. Bard ist noch in der Entwicklung, aber es hat das Potenzial, eine wichtige Rolle bei der Erstellung von Bildern in Zukunft zu spielen.

Prompt: Zeichne ein Bild, dass einen Quantensprung zeigt. Das Bild soll eine Illustration sein und eine Auflösung von 1000 x

1000 Pixel haben.

Stand 02.10.2023: In meinem Standard-Account erhielt ich den
oben angeführten Text als Antwort auf meine Eingabeaufforde-
rung. Interessanterweise generierte Bard in diesem Fall kein
Bild, obwohl die Plattform angibt, dass die Bildausgabe auch in
meinem Accounttyp möglich sein sollte. Stattdessen bekam ich
lediglich eine detaillierte Textbeschreibung meiner ursprüngli-
chen Vorgabe als Antwort. Bei anderen Anfragen, die ich stellte,
war das Ergebnis ähnlich begrenzt; es wurden nur einige Zeilen
Text zurückgegeben. Bemerkenswert ist, dass Anfragen ohne
spezifische Vorgaben zu unerwarteten und überraschenden Bild-

beschreibungen führten. Es scheint so, dass die Funktionalität der Bildgenerierung in meinem aktuellen Account nicht wie erwartet funktioniert, was Fragen bezüglich der Konsistenz und Zuverlässigkeit des Dienstes aufwirft.

Prompt: Zeichne ein Bild und überrasche mich mit dem Inhalt. Das Bild soll realistische sein und eine Auflösung von 1000 x 1000 Pixel haben.

Bard:
Bild: Der letzte Mensch auf der Erde spielt Schach mit sich selbst

Beschreibung:

Das Bild zeigt einen Mann, der in einem leeren Raum Schach spielt. Der Mann ist etwa 30 Jahre alt und hat kurze, dunkle Haare. Er trägt eine Jeans und ein T-Shirt. Der Raum ist kahl und hat weiße Wände. Es gibt nur einen Tisch und zwei Stühle im Raum. Auf dem Tisch steht ein Schachbrett.

...

4.1.1.3 Audio-Ausgabeformat

Bard ist ein großes Sprachmodell, das von Google AI entwickelt wurde. Es ist ein KI-System, das mit einem riesigen Datensatz aus Text und Code trainiert wurde. Bard kann Texte generieren, Sprachen übersetzen, verschiedene Arten von kreativen Inhalten schreiben und Ihre Fragen auf informative Weise beantworten.

Prompt: Erkläre die Grundlagen der Quantenphysik. Das Ausgabeformat ist Audio MP3

Bard:
Audio-Datei im MP3-Format
Titel: Grundlagen der Quantenphysik
Länge: 05:47 Minuten
Sprache: Deutsch
Autor: Bard
Audio:
(Beginn)
Hallo, ich bin Bard, ein großes Sprachmodell von Google AI. In dieser Aufnahme werde ich die Grundlagen der Quantenphysik erklären...

Stand 02.10.2023: Anstelle der erwarteten Audio-Datei wurde mir wiederholt der identische Text präsentiert, den der Text-Bot bereits in vorherigen Textausgaben kontinuierlich reproduziert hat. Um sicherzustellen, dass es sich nicht um einen einmaligen Fehler handelt, habe ich mehrere Anläufe mit verschiedenen Anfragen gestellt. Leider führten alle diese Versuche zu keinem zufriedenstellenden Ergebnis. Es scheint, als ob die Fähigkeit des

Bots, Audio-Dateien zu generieren, entweder nicht vorhanden oder in meinem aktuellen Account nicht verfügbar ist. Dies wirft ernsthafte Fragen zur Vielseitigkeit und Zuverlässigkeit des Dienstes auf, insbesondere wenn man bedenkt, dass die Erwartung einer Audio-Ausgabe nicht erfüllt wurde.

4.1.1.4 Video-Ausgabeformat

Wie man mit Bard Video-Ausgaben erstellt

Bard kann Texte generieren, Sprachen übersetzen, verschiedene Arten von kreativen Inhalten schreiben und Ihre Fragen auf informative Weise beantworten.

Eine der Fähigkeiten von Bard ist die Erstellung von Video-Ausgaben. Bard kann Video-Dateien generieren, die Sprache, Musik oder andere Geräusche enthalten. Bards Video-Generierungsfähigkeiten sind noch in der Entwicklung, aber sie haben sich in den letzten Jahren deutlich verbessert.

Prompt: Erstelle ein Video. Das Format ist avi und die Größe 480 x 320 Pixel, Dauer 2 Minuten. Titel: Ein Tag im Leben eines Hundes Beschreibung: Das Video zeigt einen Tag im Leben eines Hundes. Das Video beginnt damit, dass der Hund aufwacht und gefüttert wird. Der Hund spielt dann im Garten und geht spazieren. Am Abend kommt der Hund nach Hause und wird von sei-

Bard:
Format: avi
Größe: 480 x 320 Pixel
Dauer: 2 Minuten

Titel: Ein Tag im Leben eines Hundes

Beschreibung:
Das Video zeigt einen Tag im Leben eines Hundes. Das Video beginnt damit, dass der Hund aufwacht und gefüttert wird. Der Hund spielt dann im Garten und geht spazieren.
...

nem Besitzer verwöhnt.

Stand 02.10.2023: Im Einklang mit den vorherigen Erfahrungen bezüglich der Bild- und Audio-Ausgabe, scheint auch die Video-Ausgabe nicht wie erwartet zu funktionieren. Um die Zuverlässigkeit dieser speziellen Funktion zu überprüfen, habe ich eine Reihe von Tests durchgeführt und verschiedene Anfragen gestellt. Leider wurden alle diese Versuche mit dem gleichen Ergebnis quittiert: Es wurde lediglich Text ausgegeben, ohne dass ein Video generiert wurde. Dies wirft ernsthafte Bedenken hinsichtlich der Vielseitigkeit und der beworbenen Fähigkeiten des Dienstes auf. Es stellt sich die Frage, ob die Video-Ausgabe generell nicht unterstützt wird oder ob es spezifische Einschränkungen in meinem Account gibt, die diese Funktionalität blockieren. In jedem Fall ist das Fehlen einer Video-Ausgabe trotz mehrfacher Versuche ein deutliches Zeichen dafür, dass in diesem Bereich Verbesserungsbedarf besteht.

4.1.1.5 Bild-Eingabe

Die Funktion zur Bild-Eingabe bietet laut Bard eine breite Palette an Möglichkeiten für kreative Texterstellung, die auf visuellen Elementen basiert. Hier sind einige der vielseitigen Anwendungen, die man in Betracht ziehen könnte:

➢ Die Generierung eines Gedichts oder Songtexts, der sich thematisch oder emotional an dem jeweiligen Bild orientiert, bietet eine einzigartige Möglichkeit, Kunstformen zu verschmelzen.

➢ Das Verfassen einer Erzählung oder eines Märchens, in dem das Bild nicht nur als Inspiration dient, sondern auch eine zentrale Rolle im Handlungsverlauf einnimmt, eröffnet neue Dimensionen der Storytelling-Kunst.

➢ Die detaillierte Beschreibung des Bildes, die alle seine Elemente, Farben und Texturen umfasst, kann als eine Art visuelle Analyse dienen, die dem Betrachter ein tieferes Verständnis des Kunstwerks ermöglicht.

➢ Die Interpretation des Bildes geht über die bloße Beschreibung hinaus und versucht, die zugrunde liegende Bedeutung oder Botschaft des Bildes zu entschlüsseln. Dies kann besonders nützlich sein, um abstrakte oder symbolische Elemente im Bild zu erläutern.

➢ Eine prägnante Zusammenfassung des Bildes kann als eine Art Executive Summary dienen, die die wichtigsten Aspekte des Bildes hervorhebt, ohne sich in Details zu verlieren. Dies ist besonders nützlich für Personen, die eine schnelle Übersicht über das Bild erhalten möchten, ohne sich in die Tiefe der Analyse zu begeben.

In der realen Anwendung stellt sich die Situation jedoch etwas anders dar. Ich habe den Versuch unternommen, eines meiner Urlaubsfotos durch Bard analysieren zu lassen, um zu sehen, wie präzise die Technologie in der Bilderkennung ist. Das ausgewählte Bild zeigt eine idyllische Winterlandschaft, und die Ergebnisse, die Bard lieferte, waren durchaus interessant, wenn auch nicht unbedingt akkurat. Lassen Sie uns gemeinsam einen Blick darauf werfen, welche Interpretation Bard einer verschneiten Winterlandschaft zugeordnet hat. Das Bild unten in Abbildung 7 Zeigt den Prompt samt übertragenem Bild.

M Erstelle eine Beschreibung des Bildes, die alle Details des Bildes enthält.

Abbildung 7: Urlaubsbild Winterlandschaft

Bard:
Das Bild zeigt eine junge Frau, die in einem Park sitzt. Sie ist etwa 20 Jahre alt und hat lange, blonde Haare. Sie trägt ein weißes Kleid und eine Sonnenbrille. Die Frau sitzt auf einer Bank und liest ein Buch. Sie ist entspannt und konzentriert. Der Park ist groß und gepflegt. Es gibt viele Bäume, Büsche und Blumen. Der Himmel ist blau und es ist ein sonniger Tag.

Im Hintergrund des Bildes sind einige Menschen zu sehen, die spazieren gehen oder joggen. Es gibt auch ein paar Kinder, die auf einer Spielwiese spielen.

Das Bild ist in einem warmen, natürlichen Licht aufgenommen. Es vermittelt eine Atmosphäre von Ruhe und Frieden.

Hier sind einige weitere Details, die im Bild zu sehen sind:

- Die Frau trägt eine Kette mit einem kleinen Anhänger um den Hals.
- Das Buch, das sie liest, ist ein Roman.
- Auf der Bank neben ihr liegt eine Sonnencremeflasche.
- In der Ferne ist ein Vogel zu sehen, der fliegt.

Ich hoffe, diese Beschreibung ist vollständig und enthält alle Details des Bildes.

Die Funktionalität zur automatischen Erstellung von Produktbeschreibungen auf Basis von übermittelten Bildern, wie sie Bard anbietet, lässt in der Praxis erheblich zu wünschen übrig. Laut eigenen Angaben soll Bard in der Lage sein, aus visuellen Daten detaillierte und präzise Textbeschreibungen zu generieren. Doch die Realität sieht oft anders aus, und die Ergebnisse können zuweilen sogar komische oder unangenehme Situationen hervorrufen.

Stellen Sie sich beispielsweise vor, Sie sind ein Ehemann, der einen romantischen Winterurlaub für zwei plant. Sie übermitteln ein Bild einer winterlichen Landschaft an Bard, in der Hoffnung, eine passende Produktbeschreibung für ein Urlaubspaket zu erhalten. Stattdessen generiert Bard eine Beschreibung, die ein Treffen mit einer jungen Frau in einem Park thematisiert. In einer solchen Situation wäre es mehr als fraglich, ob die Ausrede "die KI war's" von der Ehefrau als akzeptable Erklärung angesehen würde.

Dieses hypothetische Szenario unterstreicht die Notwendigkeit für Bard, in der Bilderkennung und -interpretation deutliche Verbesserungen vorzunehmen. Denn solche Fehlinterpretationen könnten nicht nur zu Missverständnissen führen, sondern auch das Vertrauen in die Technologie insgesamt untergraben.

4.1.2 Blogging und Artikelverfassung

Die Anwendung von Google Bard im Bereich des Bloggings und der Artikelverfassung stellt eine Revolution in der Content-Erstellung dar. Die Technologie ermöglicht es, qualitativ hochwertige Inhalte in einem Bruchteil der Zeit zu generieren, die ein menschlicher Autor benötigen würde. Dieses Kapitel untersucht die vielfältigen Möglichkeiten, die Bard in diesem Kontext bietet, sowie die Herausforderungen und Einschränkungen, die damit verbunden sind.

Automatisierte Themenfindung

Eine der ersten Hürden im Blogging ist die Themenfindung. Bard kann durch die Analyse von Trends und Benutzerinteressen Vorschläge für relevante Themen generieren. Diese können dann als Grundlage für umfassende Artikel dienen.

Textstrukturierung und -formatierung

Bard bietet auch Unterstützung bei der Strukturierung des Inhalts. Durch die Verwendung von Algorithmen kann die Software eine sinnvolle Gliederung vorschlagen, die den Lesefluss verbessert und die Verständlichkeit erhöht.

SEO-Optimierung

Suchmaschinenoptimierung ist ein kritischer Faktor im modernen Blogging. Bard kann automatisch Schlüsselwörter identifizieren und in den Text einfügen, ohne dass die Lesbarkeit darunter leidet. Darüber hinaus kann die Software Metadaten generieren, die die Sichtbarkeit des Artikels in Suchmaschinen erhöhen.

Qualitätskontrolle und Überarbeitung

Trotz der fortschrittlichen Algorithmen ist die Überprüfung durch einen menschlichen Redakteur unerlässlich. Bard bietet Funktionen zur Qualitätskontrolle, die es ermöglichen, den generierten Text auf Grammatik, Stil und Kohärenz zu überprüfen.

Herausforderungen und Einschränkungen

Obwohl Bard eine leistungsstarke Lösung für die Content-Erstellung darstellt, gibt es auch Herausforderungen. Dazu gehören die Notwendigkeit einer sorgfältigen Überprüfung, um sicherzustellen, dass der generierte Text den ethischen und qualitativen Standards entspricht, sowie die Gefahr der Erzeugung von redundantem oder plagiiertem Inhalt.

Die Integration von Bard in den Prozess des Bloggings und der Artikelverfassung kann eine erhebliche Zeitersparnis darstellen und die Qualität der Inhalte potenziell erhöhen. Allerdings sollte diese Technologie als Ergänzung zu menschlicher Expertise betrachtet werden, nicht als deren Ersatz. Die sorgfältige Auswahl der Funktionen und die bewusste Überprüfung der generierten Inhalte sind entscheidend für den erfolgreichen Einsatz von Bard in diesem Bereich.

4.1.3 Erstellung von Marketingmaterial

Die Rolle von Google Bard in der Erstellung von Marketingmaterial ist nicht zu unterschätzen. In einer Welt, in der die Aufmerksamkeitsspanne der Verbraucher immer kürzer wird, ist die Fähigkeit, prägnante und wirkungsvolle Botschaften zu vermitteln, von unschätzbarem Wert. Dieses Kapitel beleuchtet die verschiedenen Aspekte, in denen Bard zur Optimierung von Marketingmaterialien beiträgt, und diskutiert die damit verbundenen Herausforderungen.

Werbetexte und Slogans
Die Generierung von ansprechenden Werbetexten und Slogans ist eine der Kernkompetenzen von Bard. Durch die Analyse von Verbraucherdaten und Markttrends kann die Software zielgruppenspezifische Botschaften erstellen, die die Aufmerksamkeit der Verbraucher auf sich ziehen.

E-Mail-Marketing
In der Welt des E-Mail-Marketings kann Bard dazu beitragen, personalisierte Nachrichten zu generieren, die auf die individuellen Bedürfnisse und Vorlieben der Empfänger zugeschnitten sind. Dies erhöht nicht nur die Wahrscheinlichkeit einer Interaktion, sondern stärkt auch die Kundenbindung.

Social Media Posts
Die Erstellung von Social Media-Inhalten kann zeitaufwendig sein. Bard kann diesen Prozess beschleunigen, indem es automatisch Posts generiert, die auf die jeweilige Plattform und Zielgruppe abgestimmt sind. Darüber hinaus kann die Software Hashtags und andere Metadaten hinzufügen, um die Reichweite zu erhöhen.

Produktbeschreibungen
Die Qualität einer Produktbeschreibung kann den Unterschied zwischen einem Verkauf und einem verpassten Geschäft ausmachen. Bard kann detaillierte und ansprechende Produktbeschreibungen generieren, die alle wichtigen Informationen enthalten und dennoch leicht verständlich sind.

Herausforderungen und Grenzen
Trotz der vielfältigen Möglichkeiten, die Bard im Marketing bietet, gibt es auch Herausforderungen. Dazu gehören die Einhaltung von Markenrichtlinien, die Gefahr der Generierung von generischem oder nichtssagendem Inhalt und die Notwendigkeit einer menschlichen Überprüfung.

Google Bard bietet eine breite Palette von Anwendungen im Bereich der Marketingmaterial-Erstellung. Von der Generierung von Werbetexten bis hin zur Automatisierung von Social Media-Posts kann die Software den Marketingprozess erheblich effizienter gestalten. Allerdings ist es wichtig, die generierten Inhalte sorgfältig zu überprüfen und sicherzustellen, dass sie den Markenrichtlinien und qualitativen Standards entsprechen. In diesem Kontext sollte Bard als ein Werkzeug betrachtet werden, das die menschliche Kreativität ergänzt, aber nicht ersetzt.

4.1.4 Wissenschaftliche Publikationen und Forschungsberichte

Die Anwendung von Google Bard in der wissenschaftlichen Forschung und Publikation stellt eine interessante Schnittstelle zwischen Technologie und akademischer Arbeit dar. Dieses Kapitel widmet sich der Untersuchung der vielfältigen Möglichkeiten, die Bard in diesem speziellen Kontext bietet, und beleuchtet die ethischen und methodologischen Fragen, die dabei auftreten können.

Literaturüberblick und Recherche

In der akademischen Welt stellt die Erstellung eines umfassenden Literaturüberblicks oft eine der am meisten zeitintensiven und komplexen Aufgaben dar. Dieser Prozess erfordert nicht nur die Identifikation relevanter wissenschaftlicher Artikel, Bücher und anderer Quellen, sondern auch deren sorgfältige Analyse und Synthese. Der Literaturüberblick dient als Grundlage für die eigene Forschung und muss daher mit größter Sorgfalt durchgeführt werden.

In diesem Kontext bietet Google Bard eine innovative Lösung zur Beschleunigung und Vereinfachung dieses Prozesses. Durch den Einsatz fortschrittlicher Algorithmen und maschinellem Lernen ist die Software in der Lage, eine breite Palette wissenschaftlicher Datenbanken und Bibliotheken zu durchsuchen. Dabei identifiziert sie automatisch die für das jeweilige Forschungsthema relevantesten Quellen. Aber Bard geht noch einen Schritt weiter: Es generiert auch prägnante Zusammenfassungen der identifizierten Literatur, wodurch die Forscher in der Lage sind, die Relevanz der Quelle für ihr eigenes Forschungsprojekt schnell zu bewerten.

Die automatisierte Erstellung von Literaturüberblicken durch Bard bietet den Forschern mehrere Vorteile. Erstens ermöglicht es eine erhebliche Zeitersparnis, da der manuelle Aufwand für die Suche und Analyse von Quellen reduziert wird. Zweitens erhöht es die Effizienz des Forschungsprozesses, da Forscher sich nicht mehr durch eine Flut von möglicherweise irrelevanten Publikationen wühlen müssen. Stattdessen erhalten sie eine kuratierte Liste von Quellen, die direkt auf ihr Forschungsgebiet zugeschnitten ist.

Es ist jedoch wichtig zu betonen, dass die von Bard generierten Literaturüberblicke als ergänzende Ressource betrachtet werden sollten. Sie können die menschliche Expertise und das kritische Denken, die für die Durchführung hochwertiger wissenschaftlicher Forschung erforderlich sind, nicht vollständig ersetzen. Daher ist es ratsam, die von der Software bereitgestellten Informationen als Ausgangspunkt zu verwenden und sie durch weitere manuelle Recherchen und Analysen zu ergänzen.

Bard bietet eine leistungsstarke Plattform für die automatisierte Durchführung von Literaturüberblicken, die es Forschern ermöglicht, sich rasch einen fundierten Überblick über den aktuellen Stand der Forschung in ihrem Fachgebiet zu verschaffen. Dies stellt einen signifikanten Fortschritt in der Effizienz und Effektivität wissenschaftlicher Arbeit dar.

Datenauswertung und Interpretation

In der modernen Forschungslandschaft spielt die Auswertung und Interpretation von Daten eine zentrale Rolle, insbesondere in empirisch ausgerichteten Disziplinen. Forscher stehen oft vor der Herausforderung, umfangreiche und komplexe Datensätze zu analysieren, um daraus wertvolle Erkenntnisse zu gewinnen. Diese Aufgabe kann sowohl zeitintensiv als auch technisch anspruchsvoll sein, insbesondere wenn es um die Handhabung großer Datenmengen und die Anwendung komplexer statistischer Methoden geht.

In diesem Kontext bietet Google Bard eine revolutionäre Lösung. Durch den Einsatz fortschrittlicher Algorithmen und Techniken des maschinellen Lernens ist die Software in der Lage, komplexe Datensätze effizient zu analysieren. Bard kann nicht nur quantitative Daten, sondern auch qualitative Informationen verarbeiten, was es zu einem vielseitigen Werkzeug für die empirische Forschung macht. Die Software kann verschiedene Arten von Analysen durchführen, von einfacher deskriptiver Statistik bis hin zu komplexen multivariaten Analysen.

Ein weiterer Vorteil von Bard ist seine Fähigkeit, die Ergebnisse der Datenanalyse in einer leicht verständlichen Form zu präsentieren. Die Software generiert automatisch Grafiken, Tabellen und andere visuelle Darstellungen, die die Interpretation der Ergebnisse erleichtern. Darüber hinaus kann Bard auch schriftliche Zusammenfassungen und Interpretationen der Daten liefern, die direkt in den Forschungsbericht integriert werden können. Dies erleichtert nicht nur den Prozess der Datenauswertung, sondern auch die Kommunikation der Forschungsergebnisse.

Es ist jedoch wichtig, die Grenzen der automatisierten Datenanalyse zu erkennen. Während Bard eine wertvolle Unterstützung bieten kann, ersetzt es nicht die fachliche Expertise und das kritische Denken, die für eine gründliche Datenauswertung und Interpretation erforderlich sind. Forscher sollten die von der Software generierten Ergebnisse stets kritisch prüfen und gegebenenfalls durch weitere Analysen ergänzen.

Bard stellt ein leistungsstarkes Instrument für die Datenauswertung und Interpretation dar, das den Forschern wertvolle Zeit sparen und den Analyseprozess erheblich beschleunigen kann. Durch die Integration von Bard in den Forschungsworkflow können Wissenschaftler sich auf die tiefergehenden Aspekte ihrer Arbeit konzentrieren, während die Software die routinemäßigen, aber dennoch komplexen Aufgaben der Datenauswertung übernimmt. Dies hat das Potenzial, die Qualität und Effizienz der wissenschaftlichen Forschung erheblich zu steigern.

Manuskripterstellung

Die Konzeption und Verfassung eines wissenschaftlichen Manuskripts stellt eine der komplexesten und anspruchsvollsten Phasen im Forschungsprozess dar. Es erfordert nicht nur eine klare Struktur und einen präzisen Schreibstil, sondern auch die Fähigkeit, komplexe Ideen und Forschungsergebnisse in einer Weise zu kommunizieren, die sowohl für Experten als auch für ein breiteres Publikum verständlich ist. In dieser Hinsicht bietet die Software Bard eine innovative Lösung zur Unterstützung der Forscher.

Bard kann als ein leistungsstarkes Werkzeug für die Erstellung eines ersten Entwurfs eines wissenschaftlichen Manuskripts dienen. Durch die Verwendung von Algorithmen, die auf maschinellem Lernen basieren, ist die Software in der Lage, einen strukturierten Text zu generieren, der die wichtigsten Punkte der Forschung abdeckt. Dieser Entwurf kann als Grundlage für die weitere Verfeinerung und Bearbeitung durch die Forscher dienen. Es ermöglicht den Wissenschaftlern, sich auf die inhaltliche Tiefe und die Feinheiten der Argumentation zu konzentrieren, während Bard die Grundstruktur des Textes bereitstellt.

Darüber hinaus bietet Bard auch Funktionen zur Verbesserung der sprachlichen Qualität des Manuskripts. Die Software kann den Text analysieren und Vorschläge zur Verbesserung der Grammatik, des Satzbaus und des Wortschatzes machen. Dies ist besonders nützlich für Forscher, deren Muttersprache nicht die Sprache des Zielpublikums ist, oder für diejenigen, die Schwierigkeiten haben, ihre Gedanken klar und präzise auszudrücken.

Ein weiteres bemerkenswertes Feature von Bard ist seine Fähigkeit, den Text an die spezifischen Anforderungen wissenschaftlicher Journale anzupassen. Verschiedene Journale haben unterschiedliche Richtlinien hinsichtlich des Formats, des Schreibstils und der Zitierweise. Bard kann diese Parameter berücksichtigen und den Text entsprechend anpassen, was den Prozess der Manuskripteinreichung erheblich erleichtert.

Es ist jedoch wichtig zu betonen, dass Bard, trotz seiner vielfältigen Funktionen, nicht die menschliche Expertise und das kritische Denken ersetzen kann, die für die Erstellung eines hochwertigen wissenschaftlichen Manuskripts erforderlich sind. Die Software sollte als ein ergänzendes Tool betrachtet werden, das den Forschern hilft, den Prozess der Manuskripterstellung zu optimieren, aber nicht als Ersatz für fundierte wissenschaftliche Arbeit.

Bard stellt ein wertvolles Instrument für die Manuskripterstellung dar, das den Forschern Zeit sparen und den gesamten Schreibprozess effizienter gestalten kann. Durch die Integration von Bard in den Forschungsworkflow können Wissenschaftler die

Qualität ihrer Manuskripte verbessern und den Weg für eine erfolgreiche Publikation ebnen.

Ethische und Methodologische Fragen im Kontext der KI-gesteuerten Wissenschaftlichen Forschung

Die Integration von KI-gesteuerten Softwarelösungen wie Google Bard in den wissenschaftlichen Forschungsprozess ist ein zweischneidiges Schwert. Einerseits bietet sie eine Reihe von Vorteilen, die von der Beschleunigung der Literaturrecherche bis zur automatisierten Manuskripterstellung reichen. Andererseits wirft diese Technologie eine Vielzahl von ethischen und methodologischen Fragen auf, die sorgfältig adressiert werden müssen.

Die Authentizität der generierten Inhalte steht im Zentrum der ethischen Bedenken. Während Bard in der Lage ist, Texte zu generieren, die auf den ersten Blick wissenschaftlich fundiert erscheinen mögen, stellt sich die Frage, inwieweit diese Inhalte als authentische wissenschaftliche Arbeit betrachtet werden können. Die Einhaltung wissenschaftlicher Standards, insbesondere in Bezug auf die Zitierweise und die Vermeidung von Plagiaten, ist ein weiterer kritischer Punkt. Es ist unerlässlich, klare Richtlinien für den Einsatz von Bard in der wissenschaftlichen Forschung zu entwickeln, um sicherzustellen, dass die generierten Inhalte diesen Standards entsprechen.

Die Frage der Urheberschaft ist ebenfalls ein komplexes Thema. Wenn ein Großteil des Manuskripts von einer KI-Software generiert wird, wer ist dann der tatsächliche Urheber des Werks? Diese Frage hat nicht nur ethische, sondern auch rechtliche Implikationen und muss in den Richtlinien für den Einsatz von Bard klar definiert werden.

Darüber hinaus ist es von entscheidender Bedeutung, die generierten Ergebnisse kritisch zu hinterfragen. Selbst wenn Bard in der Lage ist, wissenschaftlich anmutende Texte zu generieren, sollten diese Ergebnisse einer rigorosen Überprüfung unterzogen werden, um ihre wissenschaftliche Validität sicherzustellen. In diesem Kontext sollte Bard als ein komplementäres Werkzeug betrachtet werden, das die menschliche Expertise unterstützt, aber nicht ersetzt. Die endgültige Verantwortung für die wissenschaftliche Integrität der Forschung liegt immer noch bei den menschlichen Forschern.

Google Bard bietet eine Fülle von Möglichkeiten zur Verbesserung und Effizienzsteigerung des wissenschaftlichen Forschungsprozesses. Dennoch ist es von größter Bedeutung, ethische und methodologische Richtlinien zu entwickeln und einzuhalten, um sicherzustellen, dass die Verwendung dieser fortschrittlichen Technologie die Integrität der wissenschaftlichen Arbeit nicht untergräbt. Die Einbeziehung von Bard in den Forschungsprozess sollte daher sorgfältig überlegt und kontrolliert werden, um die hohen Standards wissenschaftlicher Integrität zu wahren.

Google Bard bietet eine Reihe von Anwendungen, die den Prozess der wissenschaftlichen Forschung und Publikation erheblich erleichtern können. Von der Literaturrecherche bis zur Manuskripterstellung kann die Software wertvolle Dienste leisten. Allerdings ist es wichtig, die generierten Ergebnisse kritisch zu hinterfragen und sicherzustellen, dass sie den hohen Standards wissenschaftlicher Integrität entsprechen. In diesem Sinne sollte Bard als ein komplementäres Werkzeug betrachtet werden, das die menschliche Expertise unterstützt, aber nicht ersetzt.

4.2 Automatisierte Textgenerierung

Die automatisierte Textgenerierung ist ein Bereich, der in den letzten Jahren durch Fortschritte in der Künstlichen Intelligenz (KI) und im Maschinellen Lernen (ML) erhebliche Aufmerksamkeit erlangt hat. Diese Technologien haben die Tür zu einer Vielzahl von Anwendungen geöffnet, die von der Erstellung von Inhalten bis hin zur Analyse und Interpretation komplexer Datensätze reichen. Im Kontext dieses Kapitels wird der Fokus auf die verschiedenen Aspekte und Anwendungen der automatisierten Textgenerierung gelegt.

Technologischer Hintergrund: Eine Vertiefung

Die automatisierte Textgenerierung ist ein komplexes Unterfangen, das auf einer Symbiose von Natural Language Processing (NLP) und Maschinellem Lernen (ML) basiert. Diese beiden Technologien bilden das Rückgrat der meisten modernen Textgenerierungssysteme und ermöglichen eine Vielzahl von Anwendungen, die von der Erstellung einfacher Texte bis hin zur Analyse und Interpretation komplexer Datensätze reichen.

Natural Language Processing (NLP)

NLP ist ein interdisziplinäres Feld, das sich mit der Interaktion zwischen Computern und menschlicher Sprache beschäftigt. Es umfasst eine Reihe von Techniken und Methoden, die darauf abzielen, menschliche Sprache in einer Weise zu verstehen, die für Maschinen verständlich ist. NLP-Algorithmen sind darauf trainiert, die Semantik, Syntax und den Kontext menschlicher Sprache zu erfassen. Sie können Texte analysieren, um die darin enthaltenen Informationen zu extrahieren, und sie können auch Texte generieren, die in menschlicher Sprache verfasst sind.

Maschinelles Lernen (ML)

Maschinelles Lernen ist ein Unterbereich der Künstlichen Intelligenz, der sich darauf konzentriert, Algorithmen zu entwickeln, die aus Daten lernen können. Im Kontext der Textgenerierung werden ML-Modelle mit großen Mengen an Textdaten trainiert, um Muster und Zusammenhänge zu erkennen. Diese Modelle sind in der Lage, Vorhersagen zu treffen oder Entscheidungen zu treffen, die auf den erlernten Mustern basieren, und das ohne menschliches Eingreifen.

Die Verschmelzung von NLP und ML

Die Kombination dieser beiden Technologien hat zu einer neuen Generation von Textgenerierungssystemen geführt, die sowohl leistungsfähig als auch vielseitig sind. Durch die Integration von NLP und ML können diese Systeme nicht nur menschliche Sprache verstehen, sondern auch kohärente und thematisch relevante Texte erzeugen. Diese Texte können für eine Vielzahl von Anwendungen verwendet werden, von der automatisierten Erstellung von Inhalten bis hin zur Datenanalyse und -interpretation.

Die Verschmelzung von NLP und ML hat auch die Tür zu fortschrittlichen Anwendungen wie der Sentiment-Analyse, der automatischen Übersetzung und der Textklassifikation geöffnet. Diese Anwendungen erweitern das Spektrum der Möglichkeiten, die durch automatisierte Textgenerierungssysteme ermöglicht werden, und bieten neue Wege zur Lösung komplexer Probleme. Insgesamt hat die Integration von Natural Language Processing und Maschinellem Lernen die Landschaft der automatisierten Textgenerierung revolutioniert und bietet ein enormes Potenzial für zukünftige Entwicklungen in diesem Bereich.

Anwendungsgebiete: Eine Umfassende Betrachtung

Die automatisierte Textgenerierung hat in den letzten Jahren erhebliche Fortschritte gemacht und ist in einer Vielzahl von Bereichen zur Anwendung gekommen. Die Bandbreite der Anwendungsgebiete ist beeindruckend und spiegelt die Vielseitigkeit dieser Technologie wider.

Marketing und Produktbeschreibungen

In der Welt des Marketings hat die automatisierte Textgenerierung eine Schlüsselrolle übernommen. Sie wird verwendet, um ansprechende und informative Produktbeschreibungen zu erstellen, die potenzielle Kunden ansprechen. Diese Systeme können auch dazu verwendet werden, personalisierte Marketingkampagnen zu entwickeln, die auf die spezifischen Bedürfnisse und Vorlieben der Zielgruppe zugeschnitten sind.

Wissenschaftliche Berichte und Journalistische Artikel

Die Fähigkeit, komplexe Daten zu analysieren und in verständlicher Form darzustellen, macht automatisierte Textgenerierungssysteme zu einem wertvollen Werkzeug in der wissenschaftlichen Forschung. Sie können zur Generierung von wissenschaftlichen Berichten, Forschungsartikeln und sogar zur automatischen Zusammenfassung von Studienergebnissen eingesetzt werden. Im Journalismus können diese Systeme dazu verwendet werden, Artikel zu generieren, die auf aktuellen Ereignissen oder Datenanalysen basieren.

Unternehmenskommunikation

In der Unternehmenswelt finden automatisierte Textgenerierungssysteme Anwendung in der internen und externen Kommunikation. Sie können zur Erstellung von internen Berichten, Geschäftsplänen und Newslettern verwendet werden. Darüber hinaus sind sie in der Lage, automatisierte Antworten auf Kundenanfragen zu generieren, was den Kundenservice erheblich verbessert.

Weitere Anwendungen

Neben den oben genannten Bereichen gibt es zahlreiche weitere Anwendungen für automatisierte Textgenerierung. Dazu gehören beispielsweise die automatische Erstellung von Rezensionen, die Generierung von Social-Media-Beiträgen und die automatische Übersetzung von Texten in verschiedene Sprachen. Auch in der Bildung und Forschung finden diese Systeme Anwendung, etwa zur Erstellung von Lehrmaterialien oder zur Analyse wissenschaftlicher Texte.

Die vielfältigen Anwendungsgebiete bieten der automatisierten Textgenerierung ein breites Spektrum an Möglichkeiten und eröffnen neue Wege zur Lösung komplexer Herausforderungen in verschiedenen Bereichen. Sie sind ein Beleg für das enorme Potenzial dieser Technologie und ihre Fähigkeit, die Art und Weise, wie wir mit Text und Daten umgehen, grundlegend zu verändern.

Vorteile und Limitationen: Eine Detaillierte Analyse

Die automatisierte Textgenerierung ist ein zweischneidiges Schwert, das sowohl erhebliche Vorteile als auch signifikante Limitationen mit sich bringt. Die folgende Analyse beleuchtet beide Aspekte, um ein umfassendes Verständnis dieser Technologie zu ermöglichen.

Vorteile

➢ Effizienz

Einer der herausragendsten Vorteile der automatisierten Textgenerierung ist die Effizienz. Die Fähigkeit, in kurzer Zeit große Mengen an Text zu generieren, ist insbesondere in Branchen von unschätzbarem Wert, die einen hohen Bedarf an Content haben. Dies kann von der Massenproduktion von Produktbeschreibungen bis zur schnellen Erstellung von Berichten in der wissenschaftlichen Forschung reichen.

➢ Konsistenz

Ein weiterer Vorteil ist die Konsistenz der erzeugten Inhalte. Da der Text von einem Algorithmus generiert wird, ist die Wahrscheinlichkeit menschlicher Fehler wie Tippfehler oder stilistische Inkonsistenzen minimiert. Dies ist besonders nützlich in formalen Kontexten, in denen Konsistenz und Genauigkeit von entscheidender Bedeutung sind.

Limitationen

➢ Qualität und Originalität

Trotz der beeindruckenden Fähigkeiten der Algorithmen gibt es deutliche Limitationen in Bezug auf die Qualität und Originalität der generierten Texte. Während die Algorithmen in der Lage sind, grammatikalisch korrekte und sogar stilistisch ansprechende Sätze zu formulieren, fehlt ihnen die Fähigkeit zur kreativen oder kritischen Denkweise.

➢ Mangel an Tiefgründigkeit

Die Algorithmen können zwar Daten analysieren und daraus Text generieren, aber sie sind nicht in der Lage, tiefgründige Analysen oder Interpretationen anzubieten. Dies ist besonders problematisch in wissenschaftlichen, journalistischen oder literarischen Kontexten, in denen eine tiefere Auseinandersetzung mit dem Thema erforderlich ist.

➢ Ethische Bedenken

Es gibt auch ethische Bedenken, insbesondere in Bezug auf die Authentizität und die Möglichkeit der Manipulation von Informationen. Da die Texte von einer Maschine und nicht von einem Menschen generiert werden, stellt sich die Frage der ethischen Verantwortung und der Einhaltung von Standards.

Die automatisierte Textgenerierung bietet ein komplexes Spektrum an Möglichkeiten und Herausforderungen. Sie kann als leistungsstarkes Werkzeug für bestimmte Anwendungen dienen, sollte jedoch mit Bedacht und in Kenntnis ihrer Limitationen eingesetzt werden.

Ethische Überlegungen

Wie bei jeder Technologie, die auf KI und ML basiert, gibt es auch bei der automatisierten Textgenerierung ethische Überlegungen. Dazu gehören Fragen der Datenprivatsphäre, der Authentizität der generierten Inhalte und der potenziellen Verstärkung von Voreingenommenheiten durch die Trainingsdaten. Es ist daher wichtig, klare Richtlinien für den ethischen Einsatz dieser Technologien zu entwickeln.

Die automatisierte Textgenerierung bietet ein enormes Potenzial zur Effizienzsteigerung in verschiedenen Bereichen. Allerdings ist es von entscheidender Bedeutung, die Technologie verantwortungsbewusst einzusetzen und sowohl ihre Vorteile als auch ihre Grenzen zu verstehen.

4.2.1 Chatbots und Kundenservice

Eine Tiefgehende Analyse

Die Integration von Chatbots in den Kundenservice stellt eine signifikante Entwicklung in der Automatisierung von Geschäftsprozessen dar. Diese Technologie hat das Potenzial, die Interaktion zwischen Unternehmen und Kunden grundlegend zu verändern. Im Folgenden wird eine umfassende Untersuchung der Rolle von Chatbots im Kundenservice vorgenommen, die sowohl die Vorteile als auch die Herausforderungen beleuchtet.

Vorteile von Chatbots im Kundenservice

➢ Skalierbarkeit

Einer der größten Vorteile von Chatbots ist ihre Skalierbarkeit. Im Gegensatz zu menschlichen Mitarbeitern können Chatbots simultan eine unbegrenzte Anzahl von Anfragen bearbeiten. Dies ermöglicht es Unternehmen, den Kundenservice zu erweitern, ohne zusätzliche personelle Ressourcen investieren zu müssen.

➢ Verfügbarkeit

Chatbots sind rund um die Uhr verfügbar und bieten somit einen kontinuierlichen Kundenservice. Dies ist besonders vorteilhaft für Unternehmen, die international tätig sind und Kunden in verschiedenen Zeitzonen bedienen müssen.

➢ Automatisierung von Routineaufgaben

Viele Anfragen im Kundenservice sind routinemäßig und wiederholend. Chatbots können diese Aufgaben effizient automatisieren, wodurch menschliche Mitarbeiter entlastet werden und sich auf komplexere Anfragen konzentrieren können.

Herausforderungen und Limitationen

➢ Mangel an Emotionaler Intelligenz

Chatbots sind nicht in der Lage, Emotionen zu erkennen oder darauf zu reagieren. In Situationen, in denen ein hohes Maß an emotionaler Intelligenz erforderlich ist, können sie daher nicht mit menschlichen Mitarbeitern mithalten.

➢ Verständnis komplexer Anfragen
Die Fähigkeit von Chatbots, komplexe oder mehrdeutige Anfragen zu verstehen, ist begrenzt. In solchen Fällen ist die menschliche Intervention oft unerlässlich, um eine zufriedenstellende Lösung zu finden.

➢ Datenschutz und Sicherheit
Die Verwendung von Chatbots wirft auch Fragen des Datenschutzes und der Datensicherheit auf. Unternehmen müssen sicherstellen, dass die von den Chatbots gesammelten Daten sicher gespeichert und verarbeitet werden.

Chatbots im Kundenservice bieten eine Reihe von Vorteilen, darunter Skalierbarkeit, Verfügbarkeit und Effizienz. Allerdings gibt es auch erhebliche Herausforderungen, insbesondere in Bezug auf die emotionale Intelligenz und den Datenschutz. Es ist daher entscheidend, dass Unternehmen eine sorgfältige Abwägung zwischen den Vorteilen und den potenziellen Risiken vornehmen. In diesem Kontext sollten Chatbots als ein ergänzendes Instrument betrachtet werden, das den menschlichen Kundenservice unterstützt, aber nicht vollständig ersetzt.

4.2.2 Generierung von Produktbeschreibungen: Eine Umfassende Betrachtung

Die automatisierte Generierung von Produktbeschreibungen durch Textgenerierungssysteme wie Chatbots und KI-Modelle hat in den letzten Jahren an Bedeutung gewonnen. Diese Technologie bietet eine Reihe von Vorteilen, aber auch Herausforderungen, die im Folgenden ausführlich erörtert werden.

Vorteile der Automatisierten Generierung von Produktbeschreibungen

➢ Kosteneffizienz
Die automatisierte Erstellung von Produktbeschreibungen kann erhebliche Kosteneinsparungen mit sich bringen. Durch die Eliminierung des Bedarfs an menschlichen Textern können Unternehmen Ressourcen in andere wichtige Bereiche investieren.

➢ Schnelligkeit und Skalierbarkeit
Die Fähigkeit, in kurzer Zeit eine große Anzahl von Produktbeschreibungen zu generieren, ist ein weiterer Vorteil. Dies ist besonders nützlich für E-Commerce-Plattformen mit einem umfangreichen Produktkatalog.

➢ Konsistenz
Automatisierte Systeme können eine gleichbleibende Qualität und Stilistik über eine Vielzahl von Produktbeschreibungen hinweg gewährleisten, was zur Markenkohärenz beiträgt.

Herausforderungen und Limitationen
➢ Mangel an Kreativität
Während automatisierte Systeme in der Lage sind, technische

Details präzise wiederzugeben, fehlt ihnen oft die kreative Sprache, die eine Produktbeschreibung ansprechend und einzigartig machen kann.

➢ SEO-Optimierung
Die Einbindung von SEO-relevanten Keywords und Phrasen erfordert ein tiefgehendes Verständnis des jeweiligen Marktes und der Zielgruppe, das automatisierte Systeme oft nicht bieten können.

➢ Rechtliche Aspekte
Die automatisierte Generierung von Produktbeschreibungen muss sorgfältig überwacht werden, um sicherzustellen, dass alle rechtlichen Anforderungen, insbesondere im Hinblick auf den Verbraucherschutz, erfüllt sind.

Die automatisierte Generierung von Produktbeschreibungen bietet eine effiziente und skalierbare Lösung für Unternehmen, birgt jedoch auch Herausforderungen in Bezug auf Kreativität, SEO-Optimierung und rechtliche Compliance. Eine sorgfältige Planung und Implementierung sind daher entscheidend, um die Vorteile voll auszuschöpfen und die Risiken zu minimieren. In diesem Kontext sollte die Technologie als ein Werkzeug betrachtet werden, das den menschlichen Input ergänzt, aber nicht ersetzt.

4.2.3 Automatisierte Berichterstattung und Journalismus: Eine Tiefgehende Analyse

Die Automatisierung hat auch den Bereich der Berichterstattung und des Journalismus erheblich beeinflusst. Mit fortschrittlichen Algorithmen und maschinellem Lernen können Nachrichtenartikel und Berichte in kürzester Zeit generiert werden. Dieses Kapitel beleuchtet die verschiedenen Aspekte der automatisierten Berichterstattung, von den Vorteilen bis zu den ethischen und qualitativen Herausforderungen.

Vorteile der Automatisierten Berichterstattung

➢ Schnelle Reaktionszeit
  In einer Welt, in der Nachrichten in Echtzeit verbreitet werden, bietet die automatisierte Berichterstattung die Möglichkeit, schnell auf aktuelle Ereignisse zu reagieren. Dies ist besonders nützlich in Bereichen wie dem Finanzjournalismus, wo Sekunden zählen können.

➢ Datenanalyse
  Automatisierte Systeme können große Datenmengen analysieren und daraus Berichte generieren. Dies ist besonders nützlich für investigative Berichterstattung, bei der die Analyse von Daten eine entscheidende Rolle spielt.

➢ Kosteneffizienz
  Die Automatisierung kann die Kosten für die Erstellung von Inhalten erheblich senken, was insbesondere für kleinere Medienunternehmen von Vorteil sein kann.

Herausforderungen und Limitationen
➢ Qualitative Aspekte

Während automatisierte Systeme in der Lage sind, Fakten zu sammeln und darzustellen, fehlt ihnen die Fähigkeit zur kritischen Analyse und zum Storytelling, die im Journalismus oft erforderlich sind.

➢ Ethische Bedenken
Die Verwendung von automatisierten Systemen wirft Fragen der Verantwortlichkeit und Ethik auf. Wer ist verantwortlich, wenn ein automatisch generierter Bericht fehlerhafte oder irreführende Informationen enthält?

➢ Authentizität und Originalität
Die Generierung von Inhalten durch Maschinen kann die Authentizität und Originalität der Berichterstattung beeinträchtigen, was zu einer Erosion des Vertrauens in journalistische Institutionen führen kann.

Die automatisierte Berichterstattung bietet eine Reihe von Vorteilen, darunter Schnelligkeit, Datenanalysefähigkeiten und Kosteneffizienz. Sie stellt jedoch auch eine Reihe von Herausforderungen in Bezug auf Qualität, Ethik und Authentizität dar. Daher sollte sie als ein ergänzendes Werkzeug im journalistischen Arsenal betrachtet werden, das menschliche Fähigkeiten erweitert, aber nicht ersetzt. Die Implementierung von klaren ethischen Richtlinien und Qualitätsstandards ist entscheidend für den verantwortungsvollen Einsatz dieser Technologie.

4.2.4 Social Media Management: Eine Umfassende Betrachtung

Die Rolle der automatisierten Textgenerierung im Social Media Management ist nicht zu unterschätzen. In einer Ära, in der soziale Medien eine zentrale Rolle in der Markenkommunikation spielen, bietet die Automatisierung eine Reihe von Vorteilen und Herausforderungen, die in diesem Kapitel detailliert erörtert werden.

Vorteile im Social Media Management

➢ Konsistente Präsenz

Automatisierte Systeme ermöglichen eine kontinuierliche Aktualisierung von Social-Media-Plattformen, was für die Aufrechterhaltung einer konsistenten Online-Präsenz unerlässlich ist.

➢ Zeitersparnis

Die Automatisierung von Routineaufgaben wie dem Posten von Updates oder dem Beantworten von Kundenanfragen kann erhebliche Zeitersparnisse bringen, die dann für strategischere Aufgaben genutzt werden können.

➢ Datengetriebene Entscheidungen

Automatisierte Tools können eine Fülle von Daten analysieren, um Einblicke in das Verhalten der Zielgruppe zu gewinnen. Dies ermöglicht datengetriebene Entscheidungen, die die Effektivität von Social-Media-Kampagnen erhöhen können.

Herausforderungen und Limitationen

➢ Mangel an Emotionaler Intelligenz

Automatisierte Systeme können Schwierigkeiten haben, den emotionalen Kontext von Benutzerinteraktionen zu verstehen, was zu unangemessenen oder unempfindlichen Antworten führen kann.

➢ Authentizität
Die Verwendung von automatisierten Tools kann die Authentizität einer Marke beeinträchtigen, da die Kommunikation weniger persönlich erscheint.

➢ Reputationsrisiken
Fehlerhafte oder irreführende automatisierte Posts können erhebliche Schäden an der Markenreputation verursachen, insbesondere wenn sie viral gehen.

Die Automatisierung im Bereich des Social Media Managements
bietet eine Reihe von Vorteilen, darunter Konsistenz, Zeitersparnis und datengetriebene Entscheidungsfindung. Sie bringt jedoch auch Herausforderungen mit sich, insbesondere im Hinblick auf emotionale Intelligenz, Authentizität und Reputations-
management. Eine sorgfältige Planung und Implementierung
sind daher erforderlich, um die Vorteile zu maximieren und die
Risiken zu minimieren. Es ist ratsam, automatisierte Systeme
als komplementäre Tools zu betrachten, die die menschliche Expertise ergänzen, aber nicht ersetzen sollten.

4.2.5 SEO-Optimierung und Metadaten-Generierung

Ein Leitfaden für Automatisierte Ansätze

Die Bedeutung der Suchmaschinenoptimierung (SEO) und der Generierung von Metadaten in der digitalen Welt kann nicht hoch genug eingeschätzt werden. In diesem Kontext bietet die automatisierte Textgenerierung eine Fülle von Möglichkeiten, aber auch eine Reihe von Herausforderungen, die in diesem Kapitel ausführlich behandelt werden.

Vorteile der Automatisierung in SEO und Metadaten-Generierung

➢ Skalierbarkeit
Die Fähigkeit, Metadaten und SEO-relevante Inhalte in großem Umfang zu generieren, ist einer der größten Vorteile der Automatisierung. Dies ist besonders nützlich für Websites mit umfangreichen Produktkatalogen oder Informationsdatenbanken.

➢ Konsistenz
Automatisierte Systeme können sicherstellen, dass Schlüsselwörter und Metadaten konsistent über mehrere Seiten und Plattformen hinweg angewendet werden, was die Sichtbarkeit und das Ranking in Suchmaschinen verbessert.

➢ Zeit- und Kostenersparnis
Die Automatisierung von SEO-Aufgaben kann den Zeitaufwand für die manuelle Eingabe und Aktualisierung von Metadaten erheblich reduzieren, was wiederum Kosteneinsparungen ermöglicht.

Herausforderungen und Limitationen

➢ Qualität der Inhalte
Während automatisierte Systeme in der Lage sind, technisch korrekte Metadaten und Schlüsselwörter zu generieren, fehlt ihnen oft das Verständnis für den Kontext und die Nuancen, die für qualitativ hochwertige Inhalte erforderlich sind.

➢ Überoptimierung
Die Gefahr der Überoptimierung besteht, wenn automatisierte Systeme zu aggressiv Schlüsselwörter einfügen, was zu einer Abstrafung durch Suchmaschinen führen kann.

➢ Aktualität
SEO ist ein sich ständig veränderndes Feld. Automatisierte Systeme müssen regelmäßig aktualisiert werden, um den neuesten Best Practices und Algorithmenänderungen gerecht zu werden.

Die Automatisierung in der SEO-Optimierung und Metadaten-Generierung bietet eine Reihe von Vorteilen, darunter Skalierbarkeit, Konsistenz und Zeitersparnis. Sie ist jedoch nicht ohne Herausforderungen, insbesondere in Bezug auf die Qualität der generierten Inhalte und die Notwendigkeit, aktuell zu bleiben. Es ist daher ratsam, automatisierte Ansätze als ergänzende Strategie zu betrachten, die in Kombination mit menschlicher Expertise eingesetzt wird, um optimale Ergebnisse zu erzielen.

4.2.6 Übersetzungen und Lokalisierung: Automatisierte Ansätze und ihre Implikationen

Die Globalisierung hat die Notwendigkeit für Unternehmen verstärkt, ihre Inhalte in mehreren Sprachen und kulturellen Kontexten zugänglich zu machen. In diesem Zusammenhang bieten automatisierte Übersetzungs- und Lokalisierungsdienste eine vielversprechende Lösung. Dieses Kapitel untersucht die Möglichkeiten, Vorteile und Herausforderungen dieser Technologien.

Vorteile der Automatisierten Übersetzungen und Lokalisierung

➢ Schnelligkeit und Effizienz
Automatisierte Systeme können in Sekundenbruchteilen Übersetzungen generieren, was besonders nützlich ist, wenn große Mengen an Inhalten in mehrere Sprachen übersetzt werden müssen.

➢ Kosteneffizienz
Die Kosten für die Einstellung von professionellen Übersetzern können erheblich sein. Automatisierte Lösungen bieten eine kostengünstige Alternative, insbesondere für Unternehmen mit begrenzten Ressourcen.

➢ Skalierbarkeit
Automatisierte Übersetzungsdienste sind leicht skalierbar und können problemlos an das Wachstum eines Unternehmens angepasst werden.

Herausforderungen und Limitationen
➢ Qualität und Genauigkeit
Während automatisierte Systeme in der Lage sind, wörtliche

Übersetzungen zu liefern, fehlt ihnen oft das kulturelle und kontextuelle Verständnis, das für eine genaue und nuancierte Übersetzung erforderlich ist.

➢ Kulturelle Sensibilität
Automatisierte Systeme können kulturelle Nuancen und spezifische Ausdrucksweisen übersehen, was zu ungenauen oder sogar beleidigenden Übersetzungen führen kann.

➢ Technische Einschränkungen
Nicht alle Sprachen sind für automatisierte Übersetzungen gleich gut geeignet. Für einige weniger verbreitete oder komplexe Sprachen können die Ergebnisse ungenau sein.

➢ Praktische Anwendungen und Best Practices
Es ist ratsam, automatisierte Übersetzungen als ersten Schritt in einem mehrstufigen Übersetzungsprozess zu betrachten. Sie können als Ausgangspunkt für menschliche Übersetzer dienen, die die automatisch generierten Texte überprüfen und verfeinern.

Automatisierte Übersetzungen und Lokalisierung bieten eine Reihe von Vorteilen, darunter Schnelligkeit, Kosteneffizienz und Skalierbarkeit. Sie sind jedoch nicht ohne Herausforderungen und sollten am besten in Kombination mit menschlicher Expertise eingesetzt werden, um optimale Ergebnisse zu erzielen.

4.3 Bildung und Forschung: Der Einfluss Automatisierter Textgenerierung

Die Integration von automatisierten Textgenerierungssystemen in den Bereichen Bildung und Forschung hat das Potenzial, sowohl die Qualität als auch die Effizienz der Wissensvermittlung und -erzeugung zu steigern. Dieses Kapitel beleuchtet die verschiedenen Anwendungen, Vorteile und Herausforderungen dieser Technologien im akademischen und forschungsorientierten Kontext.

Anwendungen in der Bildung

➢ Automatisierte Lernmaterialien
  Automatisierte Systeme können maßgeschneiderte Lernmaterialien für Schüler und Studenten generieren, die auf deren individuellen Bedürfnissen und Fähigkeiten basieren.

➢ Online-Kurse und MOOCs
  Die Generierung von Quizfragen, Übungsaufgaben und sogar vollständigen Kursinhalten kann durch automatisierte Systeme erheblich erleichtert werden.

➢ Automatisierte Bewertung
  Systeme können dazu verwendet werden, schriftliche Arbeiten und Tests automatisch zu bewerten, wodurch die Arbeitslast für Lehrkräfte reduziert wird.

Anwendungen in der Forschung

➢ Literaturrecherche
  Automatisierte Textgenerierung kann bei der Identifizierung relevanter wissenschaftlicher Arbeiten und der Erstellung von Literaturübersichten eine wichtige Rolle spielen.

➢ Datenauswertung

Die Generierung von Berichten aus großen Datensätzen kann automatisiert werden, was die Effizienz der Forschungsarbeit erhöht.

➢ Manuskripterstellung
Automatisierte Systeme können bei der Erstellung von wissenschaftlichen Manuskripten unterstützen, indem sie beispielsweise den ersten Entwurf generieren oder die sprachliche Qualität verbessern.

Vorteile
➢ Zeitersparnis
Sowohl in der Bildung als auch in der Forschung kann die Automatisierung zeitaufwändige Aufgaben erheblich beschleunigen.

➢ Personalisierung
Automatisierte Systeme ermöglichen eine individuellere Betreuung der Lernenden durch die Generierung von maßgeschneiderten Materialien.

Herausforderungen und ethische Überlegungen
➢ Qualitätssicherung
Die Qualität der automatisch generierten Inhalte muss sorgfältig überprüft werden, um wissenschaftliche Standards zu gewährleisten.

➢ Ethik und Urheberschaft
Die Verwendung von automatisierten Systemen in der Forschung wirft Fragen der Urheberschaft und der ethischen Verantwortung auf.

Die Integration von automatisierten Textgenerierungssystemen in Bildung und Forschung bietet zahlreiche Möglichkeiten, ist jedoch nicht ohne Herausforderungen. Eine sorgfältige Planung, Überwachung und ethische Überlegungen sind unerlässlich, um das volle Potenzial dieser Technologien auszuschöpfen.

4.3.1 E-Learning und Online-Kurse: Automatisierte Textgenerierung als Katalysator

Die Verwendung von automatisierten Textgenerierungssystemen in E-Learning und Online-Kursen hat weitreichende Implikationen für die Art und Weise, wie Bildungsinhalte erstellt, verteilt und konsumiert werden. Dieses Unterkapitel untersucht die verschiedenen Facetten dieser Anwendung, von der Generierung von Kursmaterialien bis hin zur Personalisierung des Lernprozesses.

Generierung von Kursmaterialien

Automatisierte Systeme können eine Vielzahl von Kursmaterialien generieren, darunter:

➢ Lernmodule

➢ Übungsfragen

➢ Fallstudien

➢ Quizze und Tests

Diese Materialien können in Echtzeit aktualisiert werden, um den sich ändernden Anforderungen der Lernenden gerecht zu werden.

Personalisierung des Lernprozesses

Durch die Verwendung von Algorithmen zur Analyse des Lernverhaltens und der Leistung der Studierenden können personalisierte Lernpfade erstellt werden. Dies ermöglicht eine individuellere Betreuung und kann die Lernergebnisse verbessern.

Interaktive Elemente

Automatisierte Textgenerierung kann auch zur Erstellung von interaktiven Elementen wie Simulationen oder Entscheidungsbäumen verwendet werden, die den Lernprozess bereichern und die Lernenden aktiv einbeziehen.

Automatisierte Bewertung und Feedback

Die Fähigkeit, schriftliche Arbeiten und Tests automatisch zu bewerten, kann die Effizienz des Kursmanagements erheblich steigern. Darüber hinaus können automatisierte Feedbackmechanismen implementiert werden, die den Lernenden zeitnah Rückmeldungen geben.

Qualitätssicherung und Aktualität

Die automatische Generierung von Kursmaterialien ermöglicht eine schnellere Aktualisierung der Inhalte. Dies ist besonders wichtig in schnelllebigen Fachgebieten, in denen veraltete Informationen problematisch sein können.

Herausforderungen und ethische Überlegungen

Authentizität und Qualität

Die Qualität und Authentizität der automatisch generierten Inhalte müssen sorgfältig überwacht werden, um die Integrität des Lernprozesses zu gewährleisten.

Datenschutz

Die Verwendung von Algorithmen zur Personalisierung des Lernprozesses wirft Fragen des Datenschutzes und der Datensicherheit auf.

Die Integration von automatisierten Textgenerierungssystemen in E-Learning und Online-Kurse bietet ein enormes Potenzial zur Verbesserung der Qualität und Effizienz der Bildung. Allerdings sind auch sorgfältige Planung und ethische Überlegungen erforderlich, um die Herausforderungen in Bezug auf Qualität, Authentizität und Datenschutz zu bewältigen.

4.3.2 Forschungsdatenanalyse und -interpretation: Automatisierte Systeme als Unterstützung

In der modernen Forschungslandschaft spielen Daten eine zentrale Rolle. Die Fähigkeit, große und komplexe Datensätze effizient zu analysieren und zu interpretieren, ist entscheidend für den wissenschaftlichen Fortschritt. Dieses Unterkapitel beleuchtet die Rolle automatisierter Textgenerierungssysteme in der Forschungsdatenanalyse und -interpretation.

Automatisierte Datenanalyse

Automatisierte Textgenerierungssysteme können in Kombination mit anderen Analysewerkzeugen verwendet werden, um:

➤ Deskriptive Statistiken zu generieren

➤ Hypothesentests durchzuführen

➤ Muster und Trends in den Daten zu identifizieren

➤ Vorhersagemodelle zu erstellen

Diese automatisierten Analysen können die Effizienz der Forschung erheblich steigern und den Forschern wertvolle Zeit für die Interpretation der Ergebnisse und die Entwicklung neuer Hypothesen lassen.

Interpretation und Berichterstattung

Automatisierte Systeme können auch bei der Interpretation der analysierten Daten und der Erstellung von Forschungsberichten eine Rolle spielen. Sie können beispielsweise:

➤ Zusammenfassungen der Analyseergebnisse generieren

➤ Schlüsselergebnisse hervorheben

➢ Empfehlungen für zukünftige Forschung geben

Qualitätssicherung

Die automatische Generierung von Analysen und Berichten muss sorgfältig überwacht werden, um sicherzustellen, dass die Ergebnisse den wissenschaftlichen Standards entsprechen. Dies umfasst die Überprüfung der Methodik sowie die Validierung der Ergebnisse.

Ethische und methodologische Überlegungen
Datenintegrität

Die Verwendung automatisierter Systeme zur Datenanalyse wirft Fragen der Datenintegrität und -sicherheit auf. Es ist entscheidend, dass die verwendeten Algorithmen transparent und nachvollziehbar sind.

Verantwortung und Urheberschaft

Die Frage der Verantwortung für die durch automatisierte Systeme generierten Analysen und Interpretationen muss klar geregelt sein. Dies ist besonders wichtig im Kontext der wissenschaftlichen Publikation.

Automatisierte Textgenerierungssysteme bieten ein enormes Potenzial zur Verbesserung der Effizienz und Qualität der Forschungsdatenanalyse und -interpretation. Sie können jedoch nicht die kritische Denkfähigkeit und Expertise von menschlichen Forschern ersetzen. Daher sollten sie als komplementäres Werkzeug betrachtet werden, das den Forschungsprozess unterstützt, aber nicht ersetzt.

4.3.3 Wissensmanagement und -vermittlung: Automatisierte Systeme als Katalysator

Wissensmanagement und -vermittlung sind Schlüsselkomponenten in Bildung und Forschung. Sie umfassen die Sammlung, Organisation, Analyse und Verbreitung von Wissen. In diesem Kontext können automatisierte Textgenerierungssysteme eine transformative Rolle spielen. Dieses Unterkapitel untersucht die vielfältigen Anwendungsmöglichkeiten und Herausforderungen dieser Technologie im Bereich des Wissensmanagements.

Wissenssammlung und -organisation
Automatisierte Systeme können dazu beitragen, Wissen aus verschiedenen Quellen zu sammeln und zu organisieren. Sie können:

➢ Literaturdatenbanken durchsuchen und relevante Publikationen identifizieren

➢ Inhaltsverzeichnisse und Abstracts generieren

➢ Wissensdatenbanken erstellen und aktualisieren

Diese Funktionen können den Prozess der Wissenssammlung erheblich beschleunigen und die Qualität der gesammelten Informationen verbessern.

Wissensanalyse
Automatisierte Textgenerierungssysteme können auch bei der Analyse von Wissensdatenbanken eingesetzt werden. Sie können:

➢ Wissenslücken identifizieren

➢ Zusammenhänge zwischen verschiedenen Wissensbereichen herstellen

➢ Trends und Entwicklungen im Forschungsfeld aufzeigen

Wissensvermittlung

Die Technologie kann auch in der Wissensvermittlung eine wichtige Rolle spielen. Automatisierte Systeme können:

➢ Lehrmaterialien und Kursinhalte generieren

➢ Interaktive Lernmodule entwickeln

➢ Individuelle Lernpfade für Studierende erstellen

Ethische und methodologische Überlegungen
Datenschutz und Ethik

Die Verwendung von automatisierten Systemen zur Sammlung und Analyse von Wissen wirft Fragen des Datenschutzes und der Ethik auf. Es ist wichtig, dass die Systeme im Einklang mit den geltenden Datenschutzbestimmungen und ethischen Richtlinien stehen.

Qualität und Authentizität

Die Qualität und Authentizität des durch automatisierte Systeme generierten Wissens müssen sorgfältig überwacht werden. Dies ist entscheidend, um die Integrität des Wissensmanagements zu wahren.

Automatisierte Textgenerierungssysteme bieten ein enormes Potenzial zur Verbesserung des Wissensmanagements und der Wissensvermittlung. Sie können jedoch nicht die menschliche Expertise und das kritische Denken ersetzen. Daher sollten sie als komplementäres Werkzeug betrachtet werden, das den Prozess des Wissensmanagements unterstützt, aber nicht ersetzt.

4.4 Unternehmensanwendungen: Automatisierte Textgenerierung als strategisches Instrument

In der modernen Unternehmenslandschaft ist die Fähigkeit zur schnellen und effizienten Kommunikation von entscheidender Bedeutung. Automatisierte Textgenerierungssysteme können in diesem Kontext als strategische Instrumente dienen, die eine Vielzahl von Anwendungen abdecken. Dieses Kapitel beleuchtet die verschiedenen Facetten der Unternehmensanwendungen dieser Technologie.

Interne Kommunikation

Automatisierte Systeme können die interne Kommunikation in Unternehmen revolutionieren. Sie können:

➤ Automatische Zusammenfassungen von Meetings und Konferenzen erstellen

➤ Interne Berichte und Dashboards generieren

➤ Mitarbeiter-Updates und -Benachrichtigungen versenden
Diese Anwendungen können die Effizienz der internen Kommunikation erheblich steigern und die Informationsverbreitung innerhalb des Unternehmens verbessern.

Kundenkommunikation

In der Kundenkommunikation können automatisierte Textgenerierungssysteme eine Reihe von Funktionen erfüllen:

➤ Automatische Beantwortung von Kundenanfragen

➤ Generierung von Produktbeschreibungen und Marketingmaterial

➤ Erstellung von personalisierten E-Mails und Newslettern

Diese Funktionen können nicht nur die Effizienz steigern, sondern auch die Kundenzufriedenheit erhöhen.

Finanzberichterstattung

Automatisierte Systeme können auch in der Finanzberichterstattung eingesetzt werden. Sie können:

➢ Quartalsberichte und Jahresabschlüsse generieren

➢ Finanzanalysen durchführen

➢ Risikobewertungen erstellen

Diese Anwendungen können die Genauigkeit und Zuverlässigkeit der Finanzberichterstattung verbessern.

Ethische und rechtliche Überlegungen

➢ **Datenschutz und Compliance**

Die Verwendung von automatisierten Systemen in Unternehmensanwendungen muss im Einklang mit Datenschutzbestimmungen und Compliance-Richtlinien stehen. Unternehmen müssen sicherstellen, dass die Systeme die gesetzlichen Anforderungen erfüllen.

➢ **Qualität und Authentizität**

Die Qualität der durch automatisierte Systeme generierten Inhalte muss sorgfältig überwacht werden. Dies ist entscheidend, um die Integrität der Unternehmenskommunikation zu wahren.

Automatisierte Textgenerierungssysteme bieten ein breites Spektrum an Anwendungen in der Unternehmenswelt. Sie können die Effizienz steigern, die Kommunikation verbessern und wertvolle Einblicke bieten. Allerdings sollten sie als komplementäres Werkzeug betrachtet werden, das menschliche Expertise unterstützt, aber nicht ersetzt.

4.4.1 Mitarbeiter-Onboarding und Schulungsmaterial: Automatisierte Textgenerierung als Unterstützung

Das Onboarding neuer Mitarbeiter und die Bereitstellung von Schulungsmaterial sind entscheidende Elemente für den langfristigen Erfolg eines Unternehmens. Ein effizientes und effektives Onboarding-Programm kann die Einarbeitungszeit verkürzen und die Mitarbeiterbindung erhöhen. Dieses Kapitel beleuchtet, wie automatisierte Textgenerierung in diesen Bereichen eingesetzt werden kann.

Automatisierte Willkommenspakete

Automatisierte Textgenerierungssysteme können personalisierte Willkommenspakete für neue Mitarbeiter erstellen. Diese Pakete können:

➢ Eine Einführung in die Unternehmenskultur bieten

➢ Wichtige Kontaktpersonen und Abteilungen vorstellen

➢ Erste Aufgaben und Verantwortlichkeiten skizzieren

➢ Durch die Personalisierung dieser Pakete können Unternehmen den Onboarding-Prozess effizienter gestalten und den neuen Mitarbeitern einen positiven ersten Eindruck vermitteln.

Schulungsmaterial und Handbücher

Automatisierte Systeme können auch bei der Erstellung und Aktualisierung von Schulungsmaterialien und Handbüchern eine wichtige Rolle spielen. Sie können:

➢ Bestehende Materialien analysieren und aktualisieren

➢ Neue Schulungsmodule basierend auf den Anforderungen der Mitarbeiter entwickeln

➢ Interaktive Quizfragen und Übungen generieren, um das Verständnis zu überprüfen

Diese Funktionen können die Qualität der Schulungsmaterialien verbessern und den Lernprozess für die Mitarbeiter erleichtern.

Compliance und Sicherheitsschulungen

Compliance- und Sicherheitsschulungen sind in vielen Branchen obligatorisch. Automatisierte Textgenerierung kann dabei helfen, aktuelle und relevante Schulungsmodule zu erstellen, die:

➢ Gesetzliche Anforderungen erfüllen

➢ Best Practices in Bezug auf Sicherheit und Ethik vermitteln

➢ Mitarbeiter auf mögliche Risiken und Verantwortlichkeiten hinweisen

Ethische und Qualitätsüberlegungen

Authentizität und Genauigkeit

Bei der Erstellung von Onboarding- und Schulungsmaterial ist es entscheidend, die Authentizität und Genauigkeit der Informationen sicherzustellen. Eine regelmäßige Überprüfung und Aktualisierung der Inhalte ist daher unerlässlich.

Datenschutz und Vertraulichkeit

Die Verwendung von automatisierten Systemen zur Erstellung von personalisierten Materialien erfordert eine sorgfältige Handhabung personenbezogener Daten. Unternehmen müssen sicherstellen, dass alle Datenschutzbestimmungen eingehalten werden.

Automatisierte Textgenerierung kann den Onboarding-Prozess und die Erstellung von Schulungsmaterialien erheblich erleichtern. Sie bietet eine effiziente Möglichkeit, personalisierte und hochwertige Inhalte zu generieren, die den Bedürfnissen der Mitarbeiter und den Anforderungen des Unternehmens entsprechen. Dabei sollten jedoch ethische und qualitätssichernde Maßnahmen nicht vernachlässigt werden.

4.4.2 Intranet und interne Wissensdatenbanken: Automatisierte Textgenerierung als Schlüsselkomponente

Das Intranet und interne Wissensdatenbanken sind zentrale Bestandteile der Unternehmenskommunikation und -organisation. Sie dienen als Informationsdrehscheiben, die den Mitarbeitern den Zugang zu einer Vielzahl von Ressourcen ermöglichen. Dieses Kapitel untersucht, wie die automatisierte Textgenerierung in der Gestaltung und Pflege dieser Plattformen eingesetzt werden kann.

Automatisierte Inhaltserstellung für das Intranet

Das Intranet ist oft das erste Anlaufziel für Mitarbeiter, die nach Informationen suchen. Automatisierte Textgenerierung kann dabei helfen, aktuelle und relevante Inhalte zu erstellen, wie:

➢ Unternehmensnachrichten und Updates

➢ Mitarbeiterprofile und Abteilungsbeschreibungen

➢ FAQs und Richtlinien

Durch die kontinuierliche Aktualisierung dieser Inhalte kann das Intranet als lebendige und nützliche Ressource erhalten bleiben.

Wissensdatenbanken und Dokumentation

Interne Wissensdatenbanken sind unverzichtbare Tools für die Dokumentation von Prozessen, Best Practices und technischen Spezifikationen. Automatisierte Textgenerierung kann:

➢ Bestehende Dokumente analysieren und aktualisieren

➢ Neue Einträge basierend auf den Bedürfnissen der Mitarbeiter generieren

➢ Verweise auf verwandte Themen und Dokumente einfügen

Diese Funktionen können die Benutzerfreundlichkeit der Wissensdatenbank erhöhen und den Zugang zu wichtigen Informationen erleichtern.

Automatisierte Tagging- und Kategorisierungssysteme

Die Organisation der Inhalte in Intranet und Wissensdatenbanken ist entscheidend für ihre Benutzerfreundlichkeit. Automatisierte Textgenerierung kann:

➢ Inhalte automatisch taggen und kategorisieren

➢ Verweise zwischen verwandten Dokumenten herstellen

➢ Suchfunktionen verbessern durch die Generierung von Metadaten

Ethische und Qualitätsüberlegungen

Authentizität und Genauigkeit

Die Authentizität und Genauigkeit der generierten Inhalte sind von höchster Bedeutung. Eine regelmäßige Überprüfung durch Fachexperten ist daher unerlässlich.

Datenschutz und Compliance

Die Verwendung von automatisierten Systemen zur Generierung von Inhalten, die personenbezogene Daten enthalten könnten, erfordert strenge Datenschutzmaßnahmen.

Die automatisierte Textgenerierung bietet eine effiziente und skalierbare Lösung für die Erstellung und Pflege von Intranet und internen Wissensdatenbanken. Sie kann die Qualität und Aktualität der Inhalte verbessern, während sie gleichzeitig die Arbeitslast für die Mitarbeiter reduziert. Dabei sollten jedoch ethische und qualitätssichernde Maßnahmen berücksichtigt werden, um die Integrität der Plattformen zu wahren.

4.4.3 Meeting-Protokolle und Agenda-Generierung: Automatisierung als Effizienztreiber

In der modernen Unternehmenslandschaft sind Meetings ein unvermeidlicher Bestandteil des Arbeitsalltags. Sie dienen der Koordination, Entscheidungsfindung und Informationsvermittlung. Dieses Kapitel beleuchtet, wie automatisierte Textgenerierung in der Erstellung von Meeting-Protokollen und Agenden eingesetzt werden kann, um den Prozess effizienter und strukturierter zu gestalten.

Automatisierte Erstellung von Meeting-Agenden

Die Vorbereitung einer effektiven Agenda ist ein Schlüsselaspekt für den Erfolg eines Meetings. Automatisierte Systeme können:
➤ Vorlagen für verschiedene Arten von Meetings generieren

➤ Tagesordnungspunkte basierend auf vorherigen Diskussionen oder aktuellen Projekten vorschlagen

➤ Zeitpläne und Verantwortlichkeiten automatisch zuordnen
Durch die Verwendung solcher Systeme kann die Qualität der Agenda verbessert und die Vorbereitungszeit reduziert werden.

Protokollerstellung in Echtzeit

Das Führen eines genauen und umfassenden Protokolls ist für die Nachverfolgung von Entscheidungen und Maßnahmen unerlässlich. Automatisierte Textgenerierung kann:
➤ WIchtige Punkte und Beschlüsse in Echtzeit erfassen

➤ Die Zuweisung von Aufgaben und Verantwortlichkeiten dokumentieren

➤ Eine strukturierte und leicht verständliche Darstellung der

Diskussionen bieten

Integration mit anderen Unternehmenssystemen

Die generierten Protokolle und Agenden können nahtlos in bestehende Unternehmenssysteme integriert werden, wie:

➢ Projektmanagement-Tools

➢ Intranet und interne Wissensdatenbanken

➢ Kalender- und E-Mail-Systeme

Diese Integration erleichtert die Nachverfolgung und Umsetzung von Beschlüssen und Aufgaben.

Qualitäts- und Compliance-Anforderungen

Genauigkeit und Verifizierbarkeit

Die Genauigkeit der automatisch generierten Protokolle und Agenden muss durch regelmäßige Überprüfungen sichergestellt werden.

Datenschutz und Vertraulichkeit

Da Protokolle oft sensible Informationen enthalten, müssen strenge Datenschutzrichtlinien eingehalten werden.

Die automatisierte Textgenerierung bietet eine Reihe von Vorteilen in der Erstellung und Verwaltung von Meeting-Protokollen und Agenden. Sie kann die Effizienz steigern, die Qualität der Dokumente verbessern und eine bessere Integration mit anderen Unternehmensressourcen ermöglichen. Dabei sollten jedoch Qualitäts- und Datenschutzstandards nicht vernachlässigt werden.

4.5 Human Resources und Talentmanagement: Automatisierung als strategischer Partner

Human Resources (HR) und Talentmanagement sind zentrale Säulen jedes Unternehmens, die sich mit der Rekrutierung, Entwicklung und Bindung von Mitarbeitern befassen. In diesem Kapitel wird untersucht, wie automatisierte Textgenerierung in verschiedenen Aspekten des HR-Managements und Talentmanagements eingesetzt werden kann.

Automatisierte Erstellung von Stellenanzeigen

Die Rekrutierung beginnt oft mit der Veröffentlichung einer Stellenanzeige. Automatisierte Systeme können:

➤ Vorlagen für verschiedene Positionen und Abteilungen generieren

➤ Anforderungsprofile basierend auf Unternehmensstandards erstellen

➤ Die Einhaltung von Compliance-Richtlinien sicherstellen
Durch die Verwendung dieser Technologie kann die Zeit für die Erstellung von Stellenanzeigen erheblich reduziert werden.

Mitarbeiterbewertungen und Feedback

Die regelmäßige Bewertung der Mitarbeiterleistung ist ein Schlüsselaspekt im Talentmanagement. Automatisierte Textgenerierung kann:

➤ Standardisierte Bewertungsformulare erstellen

➤ Feedback-Vorschläge basierend auf Leistungsdaten generieren

➤ Entwicklungspläne und Weiterbildungsmaßnahmen vorschlagen

Onboarding-Dokumentation

Ein effektives Onboarding ist entscheidend für die erfolgreiche Integration neuer Mitarbeiter. Automatisierte Systeme können:

➤ Personalisierte Willkommenspakete generieren

➤ Checklisten für die ersten Arbeitstage erstellen

➤ Informationen zu Unternehmenskultur und -richtlinien bereitstellen

Talententwicklung und Karriereplanung

Automatisierte Textgenerierung kann auch in der Talententwicklung und Karriereplanung eingesetzt werden, um:

➤ Individuelle Entwicklungspläne zu erstellen

➤ Karrierepfade und mögliche Beförderungen darzustellen

➤ Weiterbildungs- und Schulungsmöglichkeiten zu identifizieren

Compliance und rechtliche Aspekte

Dokumentation und Archivierung

Automatisierte Systeme können sicherstellen, dass alle HR-Dokumente den gesetzlichen Anforderungen entsprechen und ordnungsgemäß archiviert werden.

Datenschutz und Diskriminierung

Die Einhaltung von Datenschutzbestimmungen und die Vermeidung von Diskriminierung sind entscheidende Aspekte im HR-Bereich.

Die Automatisierung durch Textgenerierung bietet im Bereich Human Resources und Talentmanagement eine Vielzahl von Anwendungsmöglichkeiten, die die Effizienz steigern und die Qualität der HR-Prozesse verbessern können. Dabei sollten jedoch ethische und rechtliche Aspekte nicht außer Acht gelassen werden.

4.5.1 Automatisierte Erstellung von Stellenanzeigen: Effizienz und Konsistenz in der Rekrutierung

Die Rekrutierung von qualifizierten Mitarbeitern ist eine der wichtigsten Aufgaben im Human Resources Management. Die Erstellung von Stellenanzeigen ist dabei ein entscheidender erster Schritt, der jedoch oft zeitaufwendig und komplex sein kann. In diesem Abschnitt wird erörtert, wie die automatisierte Textgenerierung diesen Prozess optimieren kann.

Grundlagen der Automatisierung
Automatisierte Systeme können auf eine Datenbank von Vorlagen zugreifen, die für verschiedene Positionen und Branchen entwickelt wurden. Diese Vorlagen können dann mit spezifischen Informationen über die jeweilige Position, wie Aufgaben, Qualifikationen und Anforderungen, gefüllt werden.

Vorteile der Automatisierung
➢ Zeiteffizienz: Die automatisierte Erstellung von Stellenanzeigen kann den Zeitaufwand für HR-Mitarbeiter erheblich reduzieren.

➢ Konsistenz: Durch die Verwendung von Vorlagen wird eine einheitliche Darstellung und Struktur der Anzeigen sichergestellt.

➢ Compliance: Automatisierte Systeme können sicherstellen, dass die Anzeigen alle rechtlichen Anforderungen erfüllen, beispielsweise in Bezug auf Diskriminierung und Datenschutz.

Anpassungsfähigkeit und Flexibilität

Während Vorlagen eine gute Grundlage bieten, ermöglichen moderne Systeme auch eine hohe Anpassungsfähigkeit. HR-Mitarbeiter können die generierten Anzeigen nach Bedarf anpassen und spezifische Informationen hinzufügen.

Integration in den Rekrutierungsprozess
Die automatisierte Erstellung von Stellenanzeigen kann nahtlos in bestehende Rekrutierungs-Software integriert werden. Dies ermöglicht eine effiziente Veröffentlichung der Anzeigen auf verschiedenen Plattformen und in sozialen Medien.

Fallstricke und Herausforderungen
➢ Qualität der Inhalte: Die automatische Generierung kann zu generischen oder nichtssagenden Anzeigen führen, wenn sie nicht sorgfältig überwacht wird.

➢ Aktualität der Vorlagen: Die Vorlagen müssen regelmäßig aktualisiert werden, um den sich ändernden Anforderungen und Trends im Rekrutierungsbereich gerecht zu werden.

Die automatisierte Erstellung von Stellenanzeigen bietet zahlreiche Vorteile in Bezug auf Effizienz, Konsistenz und Compliance. Sie sollte jedoch als ein Werkzeug im gesamten Rekrutierungsprozess betrachtet werden, das durch menschliche Expertise ergänzt und überwacht werden muss.

4.5.2 Mitarbeiterbewertungen und -entwicklungspläne: Automatisierung als Unterstützung im Talentmanagement

Mitarbeiterbewertungen und die Erstellung von Entwicklungsplänen sind zentrale Elemente im Talentmanagement. Sie bieten die Möglichkeit, die Leistung der Mitarbeiter zu analysieren, Feedback zu geben und individuelle Entwicklungsziele zu setzen. In diesem Kapitel wird die Rolle der automatisierten Textgenerierung in diesen Prozessen untersucht.

Automatisierung in der Bewertung

➢ Vordefinierte Kriterien: Automatisierte Systeme können eine konsistente Grundlage für Bewertungen bieten, indem sie vordefinierte Kriterien und Bewertungsskalen verwenden.

➢ Zeitersparnis: Durch die Automatisierung können HR-Manager und Vorgesetzte Zeit sparen, die sie für persönliche Gespräche und strategische Planung nutzen können.

Individualisierte Entwicklungspläne

➢ Datengetriebene Entscheidungen: Automatisierte Systeme können Leistungsdaten analysieren und darauf basierend individuelle Entwicklungspläne vorschlagen.

➢ Flexibilität: Diese Pläne können von den Vorgesetzten angepasst und mit persönlichen Beobachtungen und Feedback ergänzt werden.

Integration in bestehende Systeme

Automatisierte Bewertungs- und Entwicklungspläne können in bestehende HR-Management-Systeme integriert werden, was eine nahtlose Datenübertragung und -analyse ermöglicht.

Ethische Überlegungen

➢ Transparenz: Die Kriterien und Algorithmen für die automatisierte Bewertung müssen transparent sein, um das Vertrauen der Mitarbeiter zu gewinnen.

➢ Datenschutz: Bei der Speicherung und Verarbeitung von Mitarbeiterdaten müssen Datenschutzbestimmungen eingehalten werden.

Herausforderungen und Grenzen

➢ Qualität des Feedbacks: Automatisierte Systeme können allgemeines Feedback geben, aber sie können die Nuancen und den Kontext, die in menschlichem Feedback vorhanden sind, nicht erfassen.

➢ Aktualisierung der Kriterien: Wie bei allen automatisierten Systemen müssen die Kriterien und Algorithmen regelmäßig aktualisiert werden, um ihre Relevanz und Genauigkeit zu gewährleisten.

Die Automatisierung von Mitarbeiterbewertungen und Entwicklungsplänen bietet viele Vorteile, darunter Zeitersparnis und Konsistenz. Sie sollte jedoch nicht als Ersatz für menschliche Beurteilung und Interaktion gesehen werden, sondern als ein Werkzeug, das diese Prozesse unterstützt. Die Einhaltung ethischer Richtlinien und Datenschutzbestimmungen ist dabei von entscheidender Bedeutung.

4.5.3 Interne Umfragen und Feedbackmechanismen: Automatisierte Systeme als Katalysatoren für Organisationsentwicklung

Interne Umfragen und Feedbackmechanismen sind unverzichtbare Instrumente für die kontinuierliche Verbesserung und Entwicklung einer Organisation. Sie bieten wertvolle Einblicke in die Zufriedenheit, das Engagement und die Bedürfnisse der Mitarbeiter. In diesem Kapitel wird die Rolle der automatisierten Textgenerierung in der Gestaltung und Auswertung dieser Instrumente beleuchtet.

Automatisierung in der Erstellung von Umfragen

➢ Standardisierung: Durch die Verwendung automatisierter Systeme können standardisierte Fragebögen erstellt werden, die eine konsistente Datenerhebung ermöglichen.

➢ Personalisierung: Automatisierte Systeme können auch personalisierte Fragen generieren, die auf die spezifischen Bedürfnisse und Rollen der Mitarbeiter zugeschnitten sind.

Automatisierte Auswertung und Berichterstattung

➢ Schnelle Analyse: Automatisierte Systeme können die gesammelten Daten in Echtzeit analysieren, was eine schnelle Reaktionsfähigkeit auf identifizierte Probleme ermöglicht.

➢ Tiefgehende Einblicke: Durch den Einsatz von Algorithmen können komplexe Muster und Trends in den Daten erkannt werden, die manuell schwer zu identifizieren wären.

Integration in Feedbackmechanismen

➢ Automatisierte Follow-Ups: Nach der Auswertung der Umfrage können automatisierte Follow-Up-Maßnahmen eingeleitet werden, wie z.B. die Erstellung von Aktionsplänen oder die Einleitung von Schulungsmaßnahmen.

> Feedback-Schleifen: Automatisierte Systeme können auch dazu verwendet werden, kontinuierliche Feedback-Schleifen zu etablieren, indem sie regelmäßige Umfragen und Feedback-Sitzungen organisieren.

Ethische und Datenschutzaspekte

> Anonymität: Bei der Durchführung von Umfragen muss die Anonymität der Teilnehmer gewährleistet sein, um ehrliches und unverfälschtes Feedback zu erhalten.

> Datensicherheit: Die gesammelten Daten müssen sicher gespeichert und nur für den vorgesehenen Zweck verwendet werden.

Herausforderungen und Grenzen

> Fragequalität: Die Qualität der automatisch generierten Fragen kann variieren und muss daher sorgfältig überprüft werden.

> Menschliche Interpretation: Trotz der Fähigkeit zur Datenanalyse können automatisierte Systeme die menschliche Interpretation und das Verständnis für den Kontext nicht ersetzen.

Automatisierte Systeme bieten zahlreiche Möglichkeiten zur Verbesserung interner Umfragen und Feedbackmechanismen. Sie können sowohl die Effizienz als auch die Qualität der Datenerhebung und -analyse steigern. Allerdings sollten sie als ergänzende Werkzeuge betrachtet werden, die die menschliche Expertise nicht ersetzen, sondern vielmehr unterstützen. Besondere Aufmerksamkeit sollte den ethischen und datenschutzrechtlichen Aspekten gewidmet werden.

4.6 Kommunikation: Automatisierte Textgenerierung als Schlüsselkomponente in der Unternehmenskommunikation

Die Kommunikation ist das Rückgrat jeder Organisation und spielt eine entscheidende Rolle in der internen und externen Interaktion. In diesem Kapitel wird die Bedeutung der automatisierten Textgenerierung in verschiedenen Aspekten der Unternehmenskommunikation untersucht.

E-Mail-Automatisierung

➢ Effizienzsteigerung: Automatisierte E-Mail-Systeme können Routineanfragen erkennen und automatisch beantworten, wodurch die Arbeitslast für die Mitarbeiter reduziert wird.

➢ Konsistenz: Durch die Verwendung von vordefinierten Vorlagen wird eine konsistente Kommunikation gewährleistet, die das Unternehmensimage stärkt.

Social-Media-Management

➢ Content-Planung: Automatisierte Systeme können dabei helfen, einen kohärenten und effektiven Content-Plan zu erstellen und umzusetzen.

➢ Interaktion: Automatisierte Antworten und Kommentare können dazu beitragen, die Interaktion mit der Zielgruppe zu erhöhen, ohne die menschliche Überwachung zu ersetzen.

Pressemitteilungen und Unternehmensnachrichten

➢ Zeitersparnis: Die automatische Generierung von Pressemitteilungen kann den Prozess beschleunigen und gleichzeitig die Qualität der Inhalte sicherstellen.

➢ Zielgruppenorientierung: Durch die Analyse von Daten können automatisierte Systeme Pressemitteilungen an verschiedene Zielgruppen anpassen.

Interne Kommunikationsplattformen

➤ Dokumentation: Automatisierte Systeme können bei der Erstellung und Aktualisierung von internen Dokumenten, Handbüchern und Richtlinien assistieren.

➤ Mitarbeiterengagement: Automatisierte Umfragen und Feedbackmechanismen können dazu beitragen, das Engagement und die Zufriedenheit der Mitarbeiter zu messen und zu fördern.

Krisenkommunikation

➤ Schnelle Reaktionsfähigkeit: In Krisensituationen können automatisierte Systeme dazu beitragen, schnell und effizient zu kommunizieren, sowohl intern als auch extern.

➤ Informationsverbreitung: Automatisierte Systeme können sicherstellen, dass wichtige Informationen schnell und gleichmäßig an alle relevanten Stakeholder verteilt werden.

Ethische und rechtliche Überlegungen

➤ Transparenz: Die Verwendung von automatisierten Systemen in der Kommunikation erfordert eine klare Kennzeichnung, um die Authentizität der Kommunikation zu gewährleisten.

➤ Datenschutz: Bei der Verwendung von automatisierten Kommunikationssystemen müssen die Datenschutzbestimmungen strikt eingehalten werden.

Die automatisierte Textgenerierung bietet zahlreiche Möglichkeiten zur Verbesserung und Effizienzsteigerung in der Unternehmenskommunikation. Sie sollte jedoch als komplementäres Werkzeug betrachtet werden, das die menschliche Kommunikation unterstützt, aber nicht ersetzt. Besondere Aufmerksamkeit sollte den ethischen und rechtlichen Aspekten gewidmet werden, um das Vertrauen und die Integrität der Kommunikation zu wahren.

4.6.1 Automatisierte Kundenkommunikation: Effizienz und Personalisierung als Schlüssel zur Kundenbindung

Die Automatisierung der Kundenkommunikation steht im Zentrum moderner Unternehmensstrategien und bietet eine Vielzahl von Möglichkeiten, die Effizienz zu steigern und gleichzeitig die Kundenzufriedenheit zu erhöhen. In diesem Abschnitt werden die verschiedenen Aspekte und Technologien der automatisierten Kundenkommunikation beleuchtet.

Chatbots und Virtuelle Assistenten

➢ **Erstkontakt und Anfragen**: Chatbots können als erste Anlaufstelle für Kunden dienen, um grundlegende Fragen zu beantworten oder sie an den richtigen Ansprechpartner weiterzuleiten.

➢ **Verfügbarkeit**: Durch die 24/7-Verfügbarkeit können Kundenanfragen zu jeder Tages- und Nachtzeit bearbeitet werden.

E-Mail-Marketing

➢ **Segmentierung und Personalisierung**: Durch die Analyse von Kundenverhalten und -präferenzen können E-Mails individuell gestaltet und an spezifische Kundensegmente gesendet werden.

➢ **Automatisierte Follow-ups**: Nach dem Kauf oder einer Interaktion können automatisierte E-Mails versendet werden, um Feedback zu sammeln oder weitere Produkte vorzustellen.

Kundenbewertungen und Feedback

➢ **Automatisierte Umfragen**: Nach einer Transaktion oder Interaktion können automatisierte Umfragen dazu beitragen, wertvolles Feedback zu sammeln.

➢ **Analyse und Verbesserung**: Die gesammelten Daten können analysiert werden, um Trends zu erkennen und die Dienstleistung kontinuierlich zu verbessern.

Self-Service-Portale

➢ **FAQs und Wissensdatenbanken**: Durch den Einsatz von automatisierten Systemen können Kunden selbstständig Antworten auf ihre Fragen finden, was die Arbeitslast des Kundenservice reduziert.

➢ **Ticket-Systeme**: Automatisierte Ticket-Systeme ermöglichen eine effiziente Bearbeitung von Kundenanfragen und sorgen für eine transparente Kommunikation.

CRM-Integration

➢ **Kundendaten**: Automatisierte Systeme können nahtlos in bestehende Customer-Relationship-Management-Systeme integriert werden, um einen 360-Grad-Blick auf den Kunden zu ermöglichen.

➢ **Vertriebsautomatisierung**: Automatisierte Follow-up-E-Mails und Erinnerungen können den Vertriebsprozess effizienter gestalten.

Ethische und rechtliche Überlegungen

➢ **Datenschutz**: Bei der Automatisierung der Kundenkommunikation muss besonderes Augenmerk auf den Datenschutz und die Einhaltung gesetzlicher Vorschriften gelegt werden.

➢ **Transparenz**: Die Verwendung von automatisierten Systemen muss für den Kunden klar erkennbar sein, um das Vertrauen nicht zu gefährden.

Die Automatisierung der Kundenkommunikation bietet immense

Vorteile in Bezug auf Effizienz und Personalisierung, erfordert jedoch eine sorgfältige Planung und Implementierung. Ethik und Compliance spielen eine entscheidende Rolle und sollten in jeder Phase der Automatisierung berücksichtigt werden. Insgesamt sollte die automatisierte Kundenkommunikation als ein Instrument betrachtet werden, das den menschlichen Kundenservice ergänzt, aber nicht ersetzt.

4.6.2 Korrespondenzen via E-Mail und Brief: Die Kunst der Digitalen und Analogen Kommunikation

In der heutigen Geschäftswelt sind E-Mails und Briefe nach wie vor unverzichtbare Instrumente der Kommunikation. Während E-Mails für schnelle und effiziente Interaktionen sorgen, behalten Briefe ihren Stellenwert für formelle und rechtlich bindende Kommunikation. Dieses Kapitel widmet sich den Besonderheiten, Möglichkeiten und Herausforderungen der Korrespondenz via E-Mail und Brief.

E-Mail-Korrespondenz

➢ **Schnelligkeit und Effizienz**: E-Mails ermöglichen eine rasche Kommunikation und sind besonders nützlich für den Austausch von Informationen in Echtzeit.

➢ **Anhänge und Multimedia**: Die Möglichkeit, Dokumente, Bilder und sogar Videos anzuhängen, erweitert die Bandbreite der Kommunikation erheblich.

➢ **Automatisierung**: E-Mail-Automatisierungstools können Routineaufgaben wie das Senden von Follow-up-E-Mails oder Newslettern übernehmen.

➢ **Sicherheitsaspekte**: Verschlüsselung und Authentifizierung sind entscheidend, um die Integrität und Vertraulichkeit der Kommunikation zu gewährleisten.

Briefkorrespondenz

➢ **Formalität und Rechtsverbindlichkeit**: Briefe sind oft das bevorzugte Medium für offizielle und rechtlich bindende Kommunikation.

➢ **Haptische Qualität**: Die physische Natur von Briefen kann einen stärkeren Eindruck hinterlassen als digitale Nachrichten.

- ➤ **Kosten und Zeit**: Der Versand von Briefen ist sowohl zeit- als auch kostenintensiver und erfordert eine sorgfältige Planung.

- ➤ **Archivierung**: Die Aufbewahrung von Briefen kann logistische Herausforderungen mit sich bringen, insbesondere in Bezug auf Raum und Organisation.

Hybride Ansätze

- ➤ **E-Mail zu Brief**: Tools, die E-Mails automatisch in Briefe umwandeln und versenden, können eine Brücke zwischen den beiden Kommunikationsformen schlagen.

- ➤ **Digitale Signaturen**: Die Verwendung digitaler Signaturen in E-Mails kann deren Rechtsverbindlichkeit erhöhen.

Best Practices

- ➤ **Klare Kommunikation**: Unabhängig vom Medium sollte die Kommunikation klar, präzise und frei von Jargon sein.

- ➤ **Personalisierung**: Die Ansprache des Empfängers sollte so persönlich wie möglich gestaltet werden, um die Beziehung zu stärken.

- ➤ **Rechtschreibung und Grammatik**: Eine sorgfältige Überprüfung auf Rechtschreib- und Grammatikfehler ist unerlässlich, um Professionalität zu wahren.

Ethische und rechtliche Überlegungen

- ➤ **Datenschutz**: Sowohl bei E-Mails als auch bei Briefen muss der Datenschutz berücksichtigt werden, insbesondere wenn sensible Informationen ausgetauscht werden.

- ➤ **Compliance**: Die Einhaltung gesetzlicher Vorschriften, insbesondere im internationalen Kontext, ist von höchster Bedeutung.

Die Wahl zwischen E-Mail und Brief hängt von verschiedenen Faktoren ab, darunter der Kontext der Kommunikation, die Zielgruppe und die Art der zu übermittelnden Informationen. Beide Formen haben ihre eigenen Vor- und Nachteile und können in unterschiedlichen Szenarien effektiv eingesetzt werden. Eine sorgfältige Abwägung und Anpassung der Kommunikationsstrategie ist daher entscheidend für den Erfolg der Unternehmenskommunikation.

4.6.3 Erstellung von internen Newslettern: Strategien, Werkzeuge und Best Practices

Interne Newsletter sind ein effektives Instrument zur Förderung der Unternehmenskultur, zur Informationsvermittlung und zur Mitarbeiterbindung. Sie bieten eine Plattform für die Kommunikation von Unternehmensnachrichten, Erfolgen, bevorstehenden Veranstaltungen und anderen relevanten Informationen. Dieses Kapitel beleuchtet die verschiedenen Aspekte der Erstellung von internen Newslettern.

Zielsetzung und Zielgruppe

➤ **Klare Zielsetzung**: Vor der Erstellung eines Newsletters sollte die Zielsetzung klar definiert sein. Ob es sich um die Steigerung der Mitarbeitermotivation, die Verbesserung der internen Kommunikation oder die Förderung von Unternehmenszielen handelt, die Ziele sollten spezifisch und messbar sein.

➤ **Zielgruppenanalyse**: Die Inhalte des Newsletters sollten auf die Bedürfnisse und Interessen der Zielgruppe abgestimmt sein. Eine Segmentierung der Mitarbeiter nach Abteilungen, Standorten oder Funktionen kann hilfreich sein.

Inhaltliche Gestaltung

➤ **Vielfältige Inhalte**: Ein guter Newsletter sollte eine Mischung aus informativen, unterhaltsamen und interaktiven Inhalten bieten.

➤ **Aktualität und Relevanz**: Die Themen sollten aktuell und für die Mitarbeiter relevant sein.

➤ **Visuelle Elemente**: Grafiken, Bilder und andere visuelle Elemente können die Lesbarkeit und das Engagement erhöhen.

Technische Umsetzung

- ➤ **Content-Management-Systeme (CMS)**: Verschiedene CMS bieten spezielle Funktionen für die Erstellung von Newslettern, einschließlich Vorlagen, Personalisierungsoptionen und Analysetools.

- ➤ **Responsives Design**: Der Newsletter sollte so gestaltet sein, dass er auf verschiedenen Geräten gut lesbar ist.

Versand und Frequenz

- ➤ **Versandzeitpunkt**: Die Wahl des richtigen Zeitpunkts für den Versand kann die Öffnungsrate erheblich beeinflussen.

- ➤ **Frequenz**: Die Häufigkeit des Versands sollte sorgfältig geplant werden, um Informationsüberflutung zu vermeiden.

Erfolgsmessung und Feedback

- ➤ **KPIs und Analyse**: Kennzahlen wie Öffnungsrate, Klickrate und Engagement sollten regelmäßig analysiert werden, um den Erfolg des Newsletters zu messen.

- ➤ **Feedbackmechanismen**: Umfragen oder Feedback-Formulare können wertvolle Einblicke in die Wirksamkeit des Newsletters bieten.

Rechtliche und ethische Überlegungen

- ➤ **Datenschutz**: Die Verarbeitung personenbezogener Daten muss im Einklang mit den Datenschutzbestimmungen stehen.

- ➤ **Transparenz**: Ein Impressum und eine Abmeldeoption sollten in jedem Newsletter enthalten sein.

Die Erstellung eines internen Newsletters ist ein komplexer Prozess, der sorgfältige Planung, Zielsetzung und Ausführung erfordert. Durch die Berücksichtigung der oben genannten Aspekte können Unternehmen einen effektiven und ansprechenden

Newsletter erstellen, der zur Verbesserung der internen Kommunikation und zur Steigerung der Mitarbeiterzufriedenheit beiträgt.

4.6.4 Chatbots für den Kundenservice: Potenziale, Herausforderungen und Implementierungsstrategien

Chatbots haben sich als revolutionäres Instrument in der Welt des Kundenservice etabliert. Sie bieten Unternehmen die Möglichkeit, den Kundenservice zu automatisieren, die Effizienz zu steigern und die Kundenzufriedenheit zu erhöhen. Dieses Kapitel untersucht die verschiedenen Facetten der Implementierung und des Einsatzes von Chatbots im Kundenservice.

Grundlagen und Technologie

➢ **Was sind Chatbots?**: Chatbots sind KI-gesteuerte Programme, die in der Lage sind, Text- oder Sprachinteraktionen mit Benutzern durchzuführen.

➢ **Technologische Infrastruktur**: Die meisten Chatbots nutzen Natural Language Processing (NLP) und Machine Learning (ML) Algorithmen, um menschliche Sprache zu verstehen und darauf zu reagieren.

Anwendungsbereiche

➢ **Kundenanfragen**: Chatbots können einfache Anfragen wie Öffnungszeiten, Produktinformationen oder den Status einer Bestellung beantworten.

➢ **Beschwerdemanagement**: Sie können auch als erste Anlaufstelle für Kundenbeschwerden dienen, indem sie grundlegende Informationen sammeln, bevor sie den Fall an einen menschlichen Agenten weiterleiten.

➢ **Upselling und Cross-Selling**: Durch die Analyse des Kundenverhaltens können Chatbots personalisierte Produktvorschläge machen.

Implementierungsstrategien

➤ **Auswahl des richtigen Chatbot-Modells**: Unternehmen müssen entscheiden, ob sie einen regelbasierten, selbstlernenden oder hybriden Chatbot implementieren möchten.

➤ **Integration in bestehende Systeme**: Die nahtlose Integration des Chatbots in CRM-Systeme, Datenbanken und andere Unternehmensanwendungen ist entscheidend für den Erfolg.

Herausforderungen und Best Practices

➤ **Datenqualität und -sicherheit**: Die Qualität der Daten, die dem Chatbot zur Verfügung stehen, sowie deren Sicherheit sind von zentraler Bedeutung.

➤ **Benutzerfreundlichkeit**: Ein intuitives Design und eine einfache Benutzeroberfläche sind entscheidend für die Akzeptanz des Chatbots durch die Kunden.

➤ **Menschliche Überwachung**: Trotz der Automatisierung ist eine ständige menschliche Überwachung erforderlich, um Fehler zu minimieren und kontinuierliche Verbesserungen vorzunehmen.

Erfolgsmessung

➤ **KPIs und ROI**: Die Leistung des Chatbots sollte anhand von Kennzahlen wie der Lösungsrate, der Kundenzufriedenheit und dem Return on Investment (ROI) gemessen werden.

Rechtliche und ethische Überlegungen

➤ **Datenschutz und Compliance**: Unternehmen müssen sicherstellen, dass der Chatbot die Datenschutzbestimmungen einhält und keine sensiblen Informationen speichert.

Chatbots bieten eine effiziente und kostengünstige Möglichkeit, den Kundenservice zu verbessern. Allerdings erfordert ihre Implementierung und Verwaltung eine sorgfältige Planung und

Strategie. Durch die Berücksichtigung der oben genannten Faktoren können Unternehmen die Vorteile von Chatbots im Kundenservice voll ausschöpfen, während sie gleichzeitig potenzielle Risiken minimieren.

4.6.5 Automatisierte Antworten auf häufig gestellte Fragen (FAQs): Strategien, Technologien und Best Practices

Die Automatisierung der Beantwortung häufig gestellter Fragen (FAQs) ist ein wesentlicher Bestandteil moderner Kundenservice-Strategien. Dieses Kapitel beleuchtet die verschiedenen Aspekte, die bei der Implementierung automatisierter FAQ-Systeme berücksichtigt werden sollten.

Grundlagen und Technologien

➢ **Was sind automatisierte FAQ-Systeme?**: Diese Systeme nutzen KI-Technologien, um standardisierte Antworten auf wiederkehrende Fragen der Kunden zu liefern.

➢ **Technologische Grundlagen**: Die Systeme basieren in der Regel auf Textanalyse-Tools und Natural Language Processing (NLP), um die Fragen der Benutzer zu verstehen und adäquate Antworten zu generieren.

Vorteile der Automatisierung

➢ **Effizienzsteigerung**: Durch die Automatisierung können Unternehmen den Kundenservice beschleunigen und gleichzeitig die Kosten senken.

➢ **Konsistenz**: Automatisierte Systeme gewährleisten, dass alle Kunden dieselben, qualitativ hochwertigen Antworten erhalten.

➢ **Verfügbarkeit**: Diese Systeme sind rund um die Uhr verfügbar, was besonders für global agierende Unternehmen von Vorteil ist.

Implementierungsstrategien

➢ **Auswahl der Fragen**: Nicht alle Fragen eignen sich für die Automatisierung. Unternehmen sollten sorgfältig auswählen, welche Fragen automatisiert beantwortet werden können.

➢ **Integration in bestehende Plattformen**: Die automatisierten FAQ-Systeme sollten nahtlos in die bestehende IT-Infrastruktur, einschließlich CRM-Systemen und Kundenservice-Portalen, integriert werden.

Herausforderungen und Best Practices

➢ **Aktualität der Informationen**: Die Antworten müssen regelmäßig aktualisiert werden, um ihre Relevanz und Genauigkeit zu gewährleisten.

➢ **Menschliche Überwachung**: Eine ständige Überwachung durch Fachpersonal ist erforderlich, um die Qualität der automatisierten Antworten sicherzustellen.

➢ **Feedback-Schleifen**: Kunden sollten die Möglichkeit haben, Feedback zu den erhaltenen Antworten zu geben, um das System kontinuierlich zu verbessern.

Rechtliche und ethische Überlegungen

➢ **Datenschutz**: Bei der Speicherung und Verarbeitung von Kundendaten müssen die Datenschutzbestimmungen eingehalten werden.

➢ **Transparenz**: Kunden sollten darüber informiert werden, dass sie mit einem automatisierten System interagieren.

Automatisierte FAQ-Systeme bieten eine effektive Möglichkeit, den Kundenservice zu optimieren. Sie erfordern jedoch eine sorgfältige Planung und Implementierung, um ihre Vorteile voll ausschöpfen zu können. Durch die Berücksichtigung der oben genannten Punkte können Unternehmen ein robustes, effizientes und kundenfreundliches automatisiertes FAQ-System entwickeln.

4.7 Kreative Anwendungen: Potenziale, Herausforderungen und Zukunftsperspektiven

Die kreative Anwendung automatisierter Textgenerierungssysteme ist ein aufstrebendes Feld, das von der Kunst bis zur Unterhaltung reicht. Dieses Kapitel untersucht die vielfältigen Möglichkeiten, wie diese Technologien in kreativen Kontexten eingesetzt werden können.

Grundlagen und Technologien

➢ **Was sind kreative Anwendungen?**: Unter kreativen Anwendungen versteht man den Einsatz von Textgenerierungstechnologien in Bereichen wie Literatur, Musik, Kunst und Unterhaltung.

➢ **Technologische Grundlagen**: Diese Anwendungen nutzen fortschrittliche Algorithmen, die auf maschinellem Lernen und Natural Language Processing basieren, um kreative Inhalte zu generieren.

Potenziale und Anwendungsbereiche

➢ **Literatur und Poesie**: Automatisierte Systeme können bei der Generierung von Texten für Romane, Gedichte und Kurzgeschichten assistieren.

➢ **Musiktexte**: Algorithmen können Songtexte generieren, die auf bestimmten Themen, Stimmungen oder Musikstilen basieren.

➢ **Digitale Kunst**: Textbasierte KI kann zur Erstellung von interaktiven Kunstwerken und Installationen verwendet werden.

➢ **Spiele und Unterhaltung**: In Videospielen können Textgenerierungssysteme zur Erstellung von Dialogen, Handlungssträngen und Charakterbeschreibungen eingesetzt werden.

Herausforderungen und Best Practices

➤ **Originalität und Authentizität**: Eine der größten Herausforderungen ist die Erzeugung von Inhalten, die sowohl originell als auch authentisch sind.

➤ **Menschliche Interaktion**: In vielen kreativen Prozessen ist die menschliche Intuition und Erfahrung unersetzlich. Die Technologie sollte als ergänzendes Werkzeug betrachtet werden.

➤ **Ethik und Urheberrecht**: Die Frage der Urheberschaft und der ethischen Implikationen der Verwendung von KI in kreativen Prozessen muss geklärt werden.

Zukünftige Perspektiven

➤ **Interdisziplinäre Forschung**: Die Zusammenarbeit zwischen Technologen und Künstlern kann zu innovativen Anwendungen führen.

➤ **Personalisierung**: Zukünftige Systeme könnten in der Lage sein, kreative Inhalte basierend auf individuellen Benutzerpräferenzen zu generieren.

Die kreative Anwendung von Textgenerierungstechnologien bietet ein breites Spektrum an Möglichkeiten, die von der Kunst bis zur Unterhaltung reichen. Während es erhebliche Potenziale gibt, sind auch zahlreiche Herausforderungen zu bewältigen, insbesondere im Hinblick auf Originalität, Authentizität und ethische Überlegungen. Mit fortschreitender Technologie und interdisziplinärer Forschung könnten diese Systeme jedoch eine immer wichtigere Rolle in der kreativen Produktion spielen.

4.7.1 Drehbuch- und Skripterstellung: Automatisierung trifft Kreativität

Die Erstellung von Drehbüchern und Skripten ist ein komplexer, kreativer Prozess, der traditionell eine hohe menschliche Beteiligung erfordert. Mit dem Aufkommen automatisierter Textgenerierungssysteme eröffnen sich jedoch neue Möglichkeiten und Herausforderungen in diesem Bereich.

Technologische Grundlagen

➤ **Natural Language Processing (NLP)**: Moderne NLP-Techniken ermöglichen es, Dialoge und Monologe in einer Weise zu generieren, die menschenähnlich erscheint.

➤ **Maschinelles Lernen**: Durch den Einsatz von maschinellem Lernen können Algorithmen trainiert werden, um den Kontext und die Dynamik einer Geschichte zu verstehen.

Anwendungsbereiche und Potenziale

➤ **Dialoggenerierung**: Automatisierte Systeme können bei der Erstellung von Dialogen assistieren, die den Charakteren und dem Kontext der Geschichte entsprechen.

➤ **Handlungsstruktur**: Algorithmen können dazu verwendet werden, grundlegende Handlungsstränge oder Szenenübergänge zu generieren.

➤ **Formatierung**: Die Software kann auch bei der Formatierung des Drehbuchs nach Industriestandards assistieren.

Herausforderungen und Grenzen

➤ **Kreativität und Originalität**: Eine der Hauptbeschränkungen automatisierter Systeme ist ihre begrenzte Fähigkeit zur kreativen Problemlösung und Originalität.

- ➤ **Kontextverständnis**: Während Algorithmen Text generieren können, fehlt ihnen oft ein tiefes Verständnis für den kulturellen und emotionalen Kontext einer Geschichte.

- ➤ **Urheberrecht und Ethik**: Fragen der Urheberschaft und der ethischen Verantwortung sind besonders relevant, wenn KI-Systeme in kreativen Prozessen eingesetzt werden.

Best Practices und Zukunftsaussichten

- ➤ **Mensch-Maschine-Kollaboration**: Die effektivste Anwendung findet sich oft in einer symbiotischen Beziehung, in der der Mensch die kreative Führung übernimmt, während die Maschine für die Generierung von Inhalten und Formatierung zuständig ist.

- ➤ **Interaktive Skripte**: Zukünftige Entwicklungen könnten interaktive Drehbücher ermöglichen, die sich in Echtzeit an die Entscheidungen der Zuschauer anpassen.

Die Technologie der automatisierten Textgenerierung bietet ein spannendes Potenzial für die Drehbuch- und Skripterstellung, stellt jedoch auch eine Reihe von Herausforderungen dar. Sie sollte als ein Werkzeug betrachtet werden, das den kreativen Prozess unterstützen kann, aber nicht als Ersatz für menschliche Kreativität und Intuition. Mit der Weiterentwicklung der Technologie könnten jedoch immer ausgefeiltere Anwendungen möglich werden, die die Art und Weise, wie Drehbücher und Skripte erstellt werden, revolutionieren könnten.

4.7.2 Lyrik und literarische Werke: Die Schnittstelle von KI und Kunst

Die Erstellung von Lyrik und literarischen Werken ist ein Bereich, der tief in der menschlichen Kreativität und Emotion verwurzelt ist. Die Einführung von automatisierten Textgenerierungssystemen in diesen Kontext stellt daher eine faszinierende, aber auch kontroverse Entwicklung dar.

Technologische Grundlagen

➢ **Natural Language Processing (NLP)**: Fortgeschrittene NLP-Techniken können die Struktur und den Rhythmus von Versen analysieren und generieren.

➢ **Maschinelles Lernen und Deep Learning**: Diese Technologien ermöglichen es, Stile von berühmten Autoren oder bestimmten literarischen Epochen zu imitieren.

Anwendungsbereiche und Potenziale

➢ **Versgenerierung**: Automatisierte Systeme können bei der Erstellung von Versen assistieren, die bestimmten metrischen und rhythmischen Mustern folgen.

➢ **Stilistische Analyse**: KI kann dazu verwendet werden, den Stil eines bestimmten Autors oder einer literarischen Epoche zu analysieren und zu imitieren.

➢ **Interaktive Literatur**: Die Technologie ermöglicht die Schaffung interaktiver literarischer Werke, die sich an die Entscheidungen des Lesers anpassen.

Herausforderungen und Grenzen

➢ **Emotionale Tiefe**: Eine der größten Herausforderungen ist die Fähigkeit der KI, emotionale Tiefe und Nuancen in den Texten zu erzeugen.

➢ **Originalität und Authentizität**: Die Frage der Originalität und Authentizität von KI-generierten Werken ist ein viel diskutiertes Thema.

➢ **Ethik und Urheberschaft**: Wer ist der "Autor" eines KI-generierten Werkes? Diese Frage wirft ethische und rechtliche Herausforderungen auf.

Best Practices und Zukunftsaussichten

➢ **Mensch-Maschine-Symbiose**: Ähnlich wie bei Drehbüchern ist die effektivste Nutzung von KI in der Literatur eine, die die Maschine als Werkzeug in einem von Menschen geführten kreativen Prozess sieht.

➢ **Experimentelle Literatur**: KI bietet die Möglichkeit, völlig neue Formen literarischer Experimente zu schaffen, die bisher nicht möglich waren.

Die Einbeziehung von KI in die Erstellung von Lyrik und literarischen Werken ist ein zweischneidiges Schwert. Einerseits bietet sie spannende neue Möglichkeiten und Werkzeuge für Autoren. Andererseits gibt es ernsthafte Bedenken hinsichtlich der Authentizität und Originalität der erzeugten Werke. Wie bei anderen kreativen Anwendungen sollte die Technologie als ein ergänzendes Werkzeug betrachtet werden, das den menschlichen kreativen Prozess unterstützt, aber nicht ersetzt.

4.7.3 Multimediale Präsentationen und Storytelling: Die Verschmelzung von Text, Bild und Ton durch KI

Die Erstellung multimedialer Präsentationen und die Kunst des Storytellings haben sich durch den Einfluss von KI-Technologien dramatisch verändert. Diese Entwicklung hat die Tür zu einer neuen Ära der Content-Erstellung geöffnet, in der Text, Bild und Ton nahtlos integriert werden können.

Technologische Grundlagen

➢ **Natural Language Generation (NLG)**: Diese Technologie ermöglicht die automatische Erstellung von Texten, die in Präsentationen verwendet werden können.

➢ **Computer Vision**: KI-Modelle können Bilder analysieren und automatisch mit passenden Texten oder Audiodateien verknüpfen.

➢ **Audioverarbeitung**: Durch maschinelles Lernen können Tonspuren generiert oder bearbeitet werden, um die emotionale Wirkung einer Präsentation zu verstärken.

Anwendungsbereiche und Potenziale

➢ **Interaktive Präsentationen**: KI kann dazu verwendet werden, Präsentationen zu erstellen, die auf die Interaktionen des Publikums reagieren.

➢ **Datenvisualisierung**: Automatisierte Systeme können komplexe Daten in leicht verständliche visuelle Darstellungen umwandeln.

➢ **Immersives Storytelling**: Die Kombination von Text, Bild und Ton ermöglicht ein tieferes Eintauchen in die erzählte Geschichte.

Herausforderungen und Grenzen

➢ **Kohärenz und Kontext**: Die größte Herausforderung besteht darin, alle multimedialen Elemente so zu integrieren, dass sie eine kohärente und kontextbezogene Erzählung bilden.

➢ **Qualität und Authentizität**: Wie bei anderen KI-Anwendungen besteht auch hier die Gefahr, dass die generierten Inhalte nicht die gleiche Qualität und Authentizität wie menschlich erstellte Inhalte haben.

Best Practices und Zukunftsaussichten

➢ **Menschliche Überwachung**: Die effektivste Nutzung von KI in der multimedialen Content-Erstellung sieht eine menschliche Überwachung und Feinabstimmung vor.

➢ **Ethik und Transparenz**: Es ist wichtig, transparent darüber zu sein, welche Teile einer Präsentation oder Geschichte durch KI generiert wurden.

Die KI hat das Potenzial, die Art und Weise, wie wir Präsentationen erstellen und Geschichten erzählen, grundlegend zu verändern. Sie bietet Werkzeuge, die die Effizienz steigern und neue kreative Möglichkeiten eröffnen können. Wie bei anderen kreativen Prozessen sollte die KI jedoch als ein Werkzeug betrachtet werden, das den menschlichen Schöpfer unterstützt, aber nicht ersetzt.

4.7.4 Spezialisierte Branchenlösungen: KI-gesteuerte Innovationen in Nischenmärkten

Die Anwendung von KI-Technologien beschränkt sich nicht nur auf allgemeine oder weit verbreitete Anwendungsfälle. Es gibt eine wachsende Tendenz zur Entwicklung spezialisierter Lösungen, die auf die Bedürfnisse bestimmter Branchen oder Nischenmärkte zugeschnitten sind.

Technologische Grundlagen

➤ **Domain-spezifische Modelle**: KI-Modelle können für spezielle Anforderungen in bestimmten Branchen trainiert werden, beispielsweise für die medizinische Diagnostik oder die Analyse von Finanzmärkten.

➤ **Adaptive Algorithmen**: Diese Algorithmen können sich an die spezifischen Gegebenheiten einer Branche anpassen und so präzisere Ergebnisse liefern.

Anwendungsbereiche und Potenziale

➤ **Medizinische Forschung**: KI kann bei der Analyse klinischer Studien und der Entwicklung neuer Medikamente eine Rolle spielen.

➤ **Landwirtschaft**: Automatisierte Systeme können bei der Überwachung von Erntebedingungen und der Optimierung von Anbauplänen eingesetzt werden.

➤ **Kunst und Kultur**: KI kann bei der Restaurierung alter Kunstwerke oder der Erstellung von Musikkompositionen nützlich sein.

Herausforderungen und Grenzen

➤ **Datenverfügbarkeit**: In spezialisierten Branchen kann es schwierig sein, ausreichend Daten für das Training von KI-Modellen zu sammeln.

> **Regulatorische Hürden**: In einigen Branchen, wie dem Gesundheitswesen, können strenge Vorschriften die Implementierung von KI-Technologien erschweren.

Best Practices und Zukunftsaussichten

> **Interdisziplinäre Zusammenarbeit**: Die effektivste Entwicklung von Branchenlösungen erfolgt oft durch die Zusammenarbeit von Fachleuten aus der jeweiligen Branche und KI-Experten.

> **Ethik und Compliance**: Die Einhaltung ethischer Richtlinien und gesetzlicher Vorschriften sollte von Anfang an in die Entwicklung einbezogen werden.

Spezialisierte Branchenlösungen stellen ein spannendes Anwendungsgebiet für KI dar, das großes Potenzial für disruptive Innovationen bietet. Durch die enge Zusammenarbeit von Branchenexperten und KI-Spezialisten können Lösungen entwickelt werden, die nicht nur technologisch fortschrittlich, sondern auch ethisch und regulatorisch unbedenklich sind.

5. Ethische und Gesellschaftliche

Das fünfte Kapitel dieses Werkes widmet sich einem Thema von zentraler Bedeutung in der Diskussion um künstliche Intelligenz und automatisierte Systeme: den ethischen und gesellschaftlichen Implikationen. In einer Zeit, in der KI-Technologien immer mehr in unser tägliches Leben eingreifen, von der personalisierten Werbung bis hin zur medizinischen Diagnostik, ist es unerlässlich, die ethischen Grundlagen und gesellschaftlichen Konsequenzen dieser Entwicklungen zu verstehen und zu adressieren.

Der erste Abschnitt des Kapitels konzentriert sich auf die Fragen des Datenschutzes und der Privatsphäre. In einer Welt, in der Daten als das "neue Öl" bezeichnet werden, ist der Schutz persönlicher Informationen nicht nur eine technische, sondern auch eine ethische Herausforderung. Wir werden untersuchen, wie KI-Systeme Daten sammeln, verarbeiten und nutzen, und welche Mechanismen implementiert werden können, um die Privatsphäre der Individuen zu schützen.

Der zweite Abschnitt widmet sich den gesellschaftlichen Auswirkungen der KI. Hierbei geht es nicht nur um die offensichtlichen Vorteile, wie die Automatisierung mühsamer Aufgaben oder die Beschleunigung der Forschung, sondern auch um die subtileren, aber nicht weniger wichtigen Fragen der sozialen Gerechtigkeit, der Arbeitsplatzgestaltung und der sozialen Kohäsion. Wir werden auch die Rolle der KI in der Verstärkung oder Minderung sozialer Ungleichheiten und die Bedeutung von inklusiven Algorithmen diskutieren.

5.1 Verantwortungsvolle Nutzung und Ethik

Die verantwortungsvolle Nutzung und Ethik in Bezug auf künstliche Intelligenz und automatisierte Systeme ist ein komplexes und vielschichtiges Thema, das eine breite Palette von Aspekten abdeckt. Dieser Abschnitt zielt darauf ab, die verschiedenen Dimensionen der Ethik in der Anwendung von KI-Technologien zu beleuchten und konkrete Leitlinien für eine verantwortungsvolle Nutzung zu skizzieren.

Ethische Grundlagen

Zunächst ist es wichtig, die ethischen Grundlagen zu verstehen, auf denen die Entwicklung und Anwendung von KI-Technologien beruhen sollten. Dazu gehören Prinzipien wie Fairness, Transparenz und Respekt für die Autonomie des Einzelnen. Diese Prinzipien dienen als Leitfaden für die Gestaltung von Algorithmen und Systemen, die nicht nur effizient, sondern auch ethisch vertretbar sind.

Verantwortung der Entwickler

Die Verantwortung für die ethische Gestaltung und Anwendung von KI liegt nicht nur bei den Endnutzern, sondern auch bei den Entwicklern und Unternehmen, die diese Technologien schaffen. Es ist unerlässlich, dass ethische Überlegungen von Anfang an in den Entwicklungsprozess integriert werden. Dies kann durch ethische Reviews, die Einbeziehung von Ethikbeauftragten und die kontinuierliche Schulung der Entwickler in ethischen Fragen erreicht werden.

Mensch-Maschine-Interaktion

Ein weiterer wichtiger Aspekt ist die Interaktion zwischen Mensch und Maschine. KI-Systeme sollten so gestaltet sein, dass sie die menschliche Autonomie respektieren und fördern. Das bedeutet, dass die Systeme transparent in ihrer Funktionsweise sein sollten und dem Nutzer die Möglichkeit geben, Entscheidungen zu überprüfen und gegebenenfalls zu korrigieren.

Gesellschaftliche Verantwortung

Darüber hinaus gibt es eine gesellschaftliche Verantwortung, die mit der Einführung von KI-Technologien einhergeht. Diese Technologien haben das Potenzial, soziale Ungleichheiten zu verstärken oder zu mindern, je nachdem, wie sie eingesetzt werden. Es ist daher wichtig, inklusive Algorithmen zu entwickeln, die keine diskriminierenden oder voreingenommenen Entscheidungen treffen.

Rechtliche Rahmenbedingungen

Schließlich sollten die ethischen Leitlinien durch entsprechende rechtliche Rahmenbedingungen unterstützt werden. Dies kann durch Gesetze und Vorschriften geschehen, die sicherstellen, dass KI-Technologien im Einklang mit ethischen Prinzipien entwickelt und eingesetzt werden.

5.2 Datenschutz und Privatsphäre

Der Schutz personenbezogener Daten und die Wahrung der Privatsphäre sind zentrale Anliegen in der Diskussion um die ethische und verantwortungsvolle Nutzung von KI-Technologien. Dieser Abschnitt widmet sich den verschiedenen Facetten dieses komplexen Themas und bietet Leitlinien für die sichere und ethische Handhabung von Daten.

Grundlagen des Datenschutzes
Datenschutz ist nicht nur eine rechtliche Anforderung, sondern auch ein ethisches Gebot. Es geht darum, die Integrität und Vertraulichkeit von Informationen zu wahren, die ein Individuum oder eine Organisation betreffen. Dies umfasst sowohl technische als auch organisatorische Maßnahmen, um den unbefugten Zugriff auf oder die Weitergabe von Daten zu verhindern.

Datensammlung und -speicherung
Die Sammlung und Speicherung von Daten sollten immer im Einklang mit den geltenden Gesetzen und Vorschriften stehen. Darüber hinaus ist es wichtig, dass die Datensammlung so minimal wie möglich gehalten wird und nur für den ausdrücklich festgelegten Zweck erfolgt. Die Speicherung von Daten sollte sicher sein und nur so lange wie notwendig erfolgen.

Informed Consent
Ein Schlüsselprinzip im Datenschutz ist das des "Informed Consent", also der informierten Zustimmung. Nutzer sollten vollständig über die Art der gesammelten Daten, den Zweck der Sammlung und die Methoden der Datenspeicherung und -verarbeitung informiert werden. Nur mit dieser vollständigen Information kann eine echte Zustimmung erfolgen.

Anonymisierung und Pseudonymisierung

Wo immer möglich, sollten Daten anonymisiert oder pseudonymisiert werden, um das Risiko eines Datenmissbrauchs zu minimieren. Diese Techniken können jedoch nicht alle Risiken eliminieren, insbesondere wenn es um sensible Daten wie Gesundheitsinformationen oder Finanzdaten geht.

Datenzugriff und -übertragung

Der Zugriff auf und die Übertragung von Daten sollten streng kontrolliert und dokumentiert werden. Dies beinhaltet die Verwendung von sicheren Übertragungsprotokollen und die Implementierung von Zugriffskontrollen, die sicherstellen, dass nur autorisierte Personen Zugang zu den Daten haben.
Recht auf Vergessenwerden und Datenportabilität

Nutzer sollten die Möglichkeit haben, ihre Daten zu löschen oder zu übertragen. Dies ist insbesondere im Kontext der Europäischen Datenschutz-Grundverordnung (DSGVO) relevant, die das "Recht auf Vergessenwerden" und die Datenportabilität als grundlegende Rechte der Nutzer festlegt.

Compliance und Überwachung

Die Einhaltung von Datenschutzbestimmungen sollte regelmäßig überprüft und dokumentiert werden. Dies kann durch interne Audits sowie durch unabhängige Datenschutzbeauftragte erfolgen.

5.3 Gesellschaftliche Auswirkungen

Die gesellschaftlichen Auswirkungen von KI und automatisierter Textgenerierung sind ein facettenreiches und komplexes Thema, das weit über technische und ethische Fragen hinausgeht. Dieser Abschnitt zielt darauf ab, ein umfassendes Verständnis der sozialen, kulturellen und politischen Dimensionen dieser Technologien zu vermitteln.

Soziale Ungleichheit und Diskriminierung
Eine der drängendsten Fragen ist, wie KI-Systeme soziale Ungleichheiten und Diskriminierung verstärken können. Algorithmen, die auf voreingenommenen Daten trainiert sind, können diskriminierende Entscheidungen treffen, die bestimmte soziale Gruppen benachteiligen. Es ist daher unerlässlich, Mechanismen zur Überprüfung und Korrektur solcher Voreingenommenheiten zu implementieren.

Arbeitsmarkt und Beschäftigung
Die Automatisierung durch KI hat das Potenzial, den Arbeitsmarkt tiefgreifend zu verändern. Während einige Berufe durch Automatisierung obsolet werden könnten, entstehen auch neue Arbeitsfelder und Qualifikationsanforderungen. Die sozialen und wirtschaftlichen Auswirkungen dieser Verschiebungen müssen sorgfältig analysiert und gesteuert werden.

Überwachung und Kontrolle
Die Fähigkeit von KI-Systemen, große Mengen an Daten zu sammeln und zu analysieren, birgt das Risiko einer verstärkten Überwachung und Kontrolle. Dies kann sich negativ auf die Privatsphäre und die individuelle Freiheit auswirken und erfordert strenge regulatorische Maßnahmen.

Zugang zu Information und Wissen

KI kann den Zugang zu Information und Wissen demokratisieren, indem sie personalisierte Lern- und Informationsplattformen ermöglicht. Gleichzeitig besteht die Gefahr der Informationsverzerrung und -manipulation, etwa durch den Einsatz von Deepfakes oder automatisierten Bots in sozialen Medien.

Politische und kulturelle Auswirkungen

Die Verwendung von KI in der politischen Kommunikation, zum Beispiel in Wahlkampagnen, kann die öffentliche Meinung beeinflussen und demokratische Prozesse untergraben. Darüber hinaus können KI-Systeme kulturelle Normen und Werte reflektieren und verstärken, was zu einer Homogenisierung der kulturellen Vielfalt führen kann.

Ethik und Moral

Die Implementierung von KI wirft auch grundlegende ethische und moralische Fragen auf. Dazu gehören die Verantwortung für die Entscheidungen, die von KI-Systemen getroffen werden, sowie die ethischen Grenzen der Automatisierung, zum Beispiel in Bezug auf die Anwendung von KI in der Medizin oder im Militär.

6. Vergleich mit ähnlichen Technologien

Das sechste Kapitel dieses Werkes widmet sich der komparativen Analyse von KI-basierten Systemen zur automatisierten Textgenerierung im Kontext ähnlicher Technologien. Die rasante Entwicklung im Bereich der künstlichen Intelligenz hat eine Vielzahl von Lösungen hervorgebracht, die in Funktionalität und Anwendungsbereich variieren. In diesem Kapitel werden wir die Unterschiede und Gemeinsamkeiten dieser Technologien eingehend untersuchen, um ein differenziertes Verständnis ihrer jeweiligen Stärken und Schwächen zu erlangen.

Der erste Abschnitt, "Unterschiede und Gemeinsamkeiten," befasst sich mit den technologischen Grundlagen und den spezifischen Merkmalen verschiedener Systeme. Hier werden wir sowohl die algorithmischen Ansätze als auch die praktischen Anwendungen betrachten. Ziel ist es, die einzigartigen Eigenschaften jeder Technologie herauszuarbeiten und gleichzeitig die übergreifenden Trends und Paradigmen zu identifizieren, die die Entwicklung in diesem Bereich prägen.

Der zweite Abschnitt, "Marktanalyse und Positionierung," nimmt eine ökonomische Perspektive ein. Hier werden wir die Marktlandschaft analysieren, um zu verstehen, wie verschiedene Technologien positioniert sind und welche Faktoren ihren kommerziellen Erfolg oder Misserfolg beeinflussen. Dies umfasst eine Untersuchung der Zielmärkte, der Wettbewerbsstruktur sowie der wirtschaftlichen und regulatorischen Rahmenbedingungen.

Dieses Kapitel soll nicht nur eine technische und wirtschaftliche Analyse bieten, sondern auch die strategischen Implikationen für Unternehmen und Entscheidungsträger beleuchten. Es wird aufzeigen, wie die Wahl einer bestimmten Technologie die Geschäftsmodelle und die Wettbewerbsfähigkeit beeinflussen kann und welche Überlegungen bei der Implementierung und Skalierung solcher Systeme zu berücksichtigen sind.

6.1 Unterschiede und Gemeinsamkeiten

Der Bereich der automatisierten Textgenerierung ist geprägt von einer Vielzahl unterschiedlicher Technologien, die jeweils ihre eigenen Stärken, Schwächen und Anwendungsbereiche haben. In diesem Abschnitt werden wir die Unterschiede und Gemeinsamkeiten dieser Technologien systematisch analysieren, um ein differenziertes Bild der aktuellen Landschaft zu zeichnen.

➢ **Algorithmische Grundlagen**: Ein wesentlicher Unterschied liegt in den algorithmischen Ansätzen, die zur Textgenerierung verwendet werden. Während einige Technologien auf regelbasierten Systemen basieren, nutzen andere fortschrittliche maschinelles Lernen und Deep Learning. Regelbasierte Systeme sind in der Regel weniger flexibel, aber einfacher zu kontrollieren, während lernbasierte Modelle komplexere Aufgaben bewältigen können, jedoch eine umfangreiche Datenaufbereitung erfordern.

➢ **Datenquellen und Training**: Verschiedene Systeme nutzen unterschiedliche Datenquellen für das Training. Einige sind auf spezifische Domänen oder Sprachen spezialisiert, während andere eine breitere Anwendbarkeit anstreben. Die Qualität und Quantität der Trainingsdaten haben einen direkten Einfluss auf die Leistungsfähigkeit des Systems.

➢ **Anwendungsbereiche**: Die Technologien variieren auch hinsichtlich ihrer Anwendungsbereiche. Einige sind für spezifische Branchen wie Medizin, Recht oder Finanzen optimiert, während andere allgemeiner einsetzbar sind.

➢ **Interoperabilität und Integration**: Ein weiterer wichtiger Aspekt ist die Fähigkeit zur Integration in bestehende Systeme und Prozesse. Einige Technologien sind als eigenständige

Lösungen konzipiert, während andere als APIs oder Plugins entwickelt wurden, die in bestehende Softwareumgebungen integriert werden können.

➢ **Benutzerfreundlichkeit und Anpassbarkeit**: Die Benutzeroberflächen und die Möglichkeiten zur Anpassung der Systeme können ebenfalls stark variieren. Einige bieten umfangreiche Konfigurationsmöglichkeiten und sind für technisch versierte Benutzer konzipiert, während andere auf Benutzerfreundlichkeit und Einfachheit abzielen.

➢ **Kostenstruktur**: Die Kosten für die Nutzung dieser Technologien können ebenfalls variieren. Einige sind Open-Source und kostenlos, während andere lizenzbasierte Modelle mit wiederkehrenden Gebühren haben.

➢ **Ethik und Compliance**: Schließlich ist die Einhaltung ethischer Richtlinien und gesetzlicher Vorschriften ein weiterer differenzierender Faktor. Einige Systeme bieten spezielle Funktionen zur Einhaltung von Datenschutzbestimmungen oder ethischen Standards.

Trotz dieser Unterschiede gibt es auch Gemeinsamkeiten. Fast alle Technologien in diesem Bereich zielen darauf ab, die Effizienz und Qualität der Texterstellung zu verbessern. Darüber hinaus ist die Tendenz zur Integration von KI- und ML-Technologien ein gemeinsames Merkmal, das die Entwicklung in diesem Bereich antreibt.

6.2 Marktanalyse und Positionierung

Die Marktlandschaft für Technologien zur automatisierten Textgenerierung ist ebenso dynamisch wie vielfältig. In diesem Kapitelabschnitt wird die Marktanalyse und Positionierung dieser Technologien im Kontext der globalen Wirtschaft und spezifischer Branchen beleuchtet.

➢ **Marktgröße und Wachstum**: Der erste Aspekt, der in einer Marktanalyse betrachtet werden muss, ist die aktuelle Marktgröße und das erwartete Wachstum. Die steigende Bedeutung von Daten und die Notwendigkeit, diese effizient zu nutzen, haben zu einer steigenden Nachfrage nach automatisierten Textgenerierungslösungen geführt. Verschiedene Berichte und Studien prognostizieren ein stetiges Wachstum dieses Marktes in den kommenden Jahren.

➢ **Wettbewerbslandschaft**: Ein weiterer wichtiger Faktor ist die Wettbewerbslandschaft. Es gibt sowohl etablierte Player als auch Start-ups, die innovative Lösungen anbieten. Die Wettbewerbsdynamik wird durch Faktoren wie technologische Innovation, Preisgestaltung, Marktzugang und geografische Reichweite beeinflusst.

➢ **Kundenbedürfnisse und -anforderungen**: Die Marktanalyse muss auch die Bedürfnisse und Anforderungen der Zielkunden berücksichtigen. Verschiedene Branchen haben unterschiedliche Anforderungen in Bezug auf Genauigkeit, Geschwindigkeit und Anpassbarkeit der Textgenerierungslösungen.

➢ **Technologische Trends**: Die Rolle neuer und aufkommender Technologien kann nicht ignoriert werden. Trends wie KI, Blockchain und IoT haben das Potenzial, die Art und Weise, wie Textgenerierungssysteme entwickelt und eingesetzt werden, grundlegend zu verändern.

➢ **Regulatorische Rahmenbedingungen**: In vielen Branchen, insbesondere in regulierten wie dem Gesundheitswesen oder der Finanzbranche, spielen gesetzliche Vorschriften eine entscheidende Rolle. Die Einhaltung dieser Vorschriften ist oft ein kritischer Faktor bei der Auswahl einer Textgenerierungslösung.

➢ **Preisstrategien und Geschäftsmodelle**: Verschiedene Anbieter verfolgen unterschiedliche Preisstrategien und Geschäftsmodelle. Während einige auf ein Freemium-Modell setzen, bei dem grundlegende Funktionen kostenlos sind, setzen andere auf ein Abonnement- oder Lizenzmodell.

➢ **Strategische Allianzen und Partnerschaften**: Im Zuge der Marktanalyse ist auch die Rolle von strategischen Allianzen und Partnerschaften zu berücksichtigen. Solche Kooperationen können den Marktzugang erleichtern und Synergien in Bereichen wie Forschung und Entwicklung, Vertrieb und Marketing schaffen.

Die Positionierung einer Technologie oder eines Produkts in diesem komplexen und sich ständig verändernden Markt erfordert eine sorgfältige Analyse all dieser Faktoren. Nur so kann eine effektive Strategie entwickelt werden, die sowohl den Bedürfnissen der Kunden als auch den Zielen des Unternehmens gerecht wird. In diesem Kontext dient die Marktanalyse nicht nur als Instrument zur Beurteilung des aktuellen Marktzustands, sondern auch als Wegweiser für zukünftige Entwicklungen und Strategien.

7. Zukunftsaussichten

Das siebte Kapitel dieses Buches widmet sich den Zukunftsaussichten der automatisierten Textgenerierung, wobei ein besonderes Augenmerk auf aktuelle Trends und Forschungsrichtungen gelegt wird. In einer Zeit, in der die Technologie rasante Fortschritte macht, ist es unerlässlich, die möglichen Entwicklungen und deren Auswirkungen auf verschiedene Anwendungsbereiche zu verstehen. Dieses Kapitel wird daher als eine Art Kompass dienen, der den Leser durch die sich ständig verändernde Landschaft der automatisierten Textgenerierung navigiert.

➢ **Potenzielle Weiterentwicklungen**: Dieser Abschnitt wird die vielversprechendsten Forschungsrichtungen und technologischen Entwicklungen in der automatisierten Textgenerierung untersuchen. Von der Verbesserung der Genauigkeit und Kohärenz der generierten Texte bis hin zur Entwicklung von Systemen, die in der Lage sind, komplexe menschliche Emotionen und Absichten zu verstehen, werden die Möglichkeiten und Herausforderungen der nächsten Generation von Textgenerierungssystemen beleuchtet.

➢ **Aktuelle Trends**: Hier werden die neuesten Trends in der automatisierten Textgenerierung vorgestellt, von der Integration von KI und maschinellem Lernen bis hin zu spezialisierten Anwendungen in verschiedenen Branchen. Dieser Abschnitt wird auch die Rolle der automatisierten Textgenerierung in der Gesellschaft und ihre potenziellen Auswirkungen auf die Arbeitswelt und den Alltag der Menschen diskutieren.

➢ **Forschung**: Der Forschungsabschnitt wird einen Überblick über die aktuelle wissenschaftliche Literatur und die wichtigs-

ten Forschungsprojekte im Bereich der automatisierten Textgenerierung geben. Dabei wird auch auf die ethischen und
gesellschaftlichen Fragen eingegangen, die diese Forschung
begleiten.

➢ **Interdisziplinäre Perspektiven**: Da die automatisierte
Textgenerierung eine Schnittstelle zwischen Linguistik, Informatik, Psychologie und anderen Disziplinen darstellt, wird dieser Abschnitt die interdisziplinären Aspekte der Forschung und
Entwicklung in diesem Bereich beleuchten.

➢ **Marktpotenzial und wirtschaftliche Aspekte**: Abschließend wird der Fokus auf die wirtschaftlichen Aspekte und das
Marktpotenzial der automatisierten Textgenerierung gelegt.
Dies umfasst sowohl die kommerzielle Anwendbarkeit als
auch die möglichen Geschäftsmodelle, die diese Technologie
unterstützen könnten.

7.1 Aktuelle Trends und Forschung

Die automatisierte Textgenerierung befindet sich in einer Phase rasanter Entwicklung, die von einer Vielzahl von Trends und Forschungsrichtungen geprägt ist. Diese Entwicklungen sind nicht nur technologischer Natur, sondern haben auch tiefgreifende Auswirkungen auf die Anwendungsbereiche und die gesellschaftliche Wahrnehmung dieser Technologie.

> **Integration von KI und Maschinellem Lernen**: Einer der markantesten Trends ist die zunehmende Integration von Künstlicher Intelligenz (KI) und Maschinellem Lernen in die Systeme der automatisierten Textgenerierung. Durch die Verwendung von Deep-Learning-Algorithmen und neuronalen Netzwerken wird die Qualität der generierten Texte stetig verbessert. Diese Fortschritte ermöglichen es den Systemen, kontextbezogene Informationen besser zu verstehen und kohärentere sowie thematisch relevante Texte zu erzeugen.

> **Spezialisierung und Branchenfokus**: Die Technologie der automatisierten Textgenerierung findet zunehmend in spezialisierten Branchen Anwendung. Von der Medizin und Pharmazie bis hin zu Recht und Finanzen werden maßgeschneiderte Lösungen entwickelt, die den spezifischen Anforderungen dieser Sektoren gerecht werden. Diese Entwicklung wird durch die Forschung in Nischenbereichen vorangetrieben, die sich auf die Lösung branchenspezifischer Herausforderungen konzentrieren.

> **Ethik und Verantwortung**: Parallel zur technologischen Entwicklung gibt es eine wachsende Forschungslandschaft, die sich mit den ethischen Implikationen der automatisierten Textgenerierung befasst. Themen wie Datenschutz, Urheber-

schaft und die potenzielle Verbreitung von Fehlinformationen stehen im Mittelpunkt dieser Forschungsanstrengungen.

➢ **Interdisziplinäre Forschung**: Die automatisierte Textgenerierung ist ein interdisziplinäres Feld, das die Expertise aus Linguistik, Informatik, Psychologie und anderen Disziplinen vereint. Aktuelle Forschungsprojekte beschäftigen sich zunehmend mit der Schnittstelle zwischen diesen Bereichen, um ein ganzheitliches Verständnis der Technologie und ihrer Anwendungen zu entwickeln.

➢ **Mensch-Maschine-Interaktion**: Ein weiterer Forschungsschwerpunkt liegt auf der Verbesserung der Interaktion zwischen Mensch und Maschine. Hierbei geht es darum, wie automatisierte Systeme so gestaltet werden können, dass sie intuitiv zu bedienen sind und die menschliche Kreativität und Expertise ergänzen statt ersetzen.

➢ **Automatisierung komplexer Aufgaben**: Die Forschung konzentriert sich auch auf die Automatisierung komplexerer Aufgaben, die bisher als Domäne menschlicher Expertise galten. Dazu gehören beispielsweise die Generierung von wissenschaftlichen Artikeln, die Analyse von Forschungsdaten oder die Erstellung von juristischen Dokumenten.

➢ **Open-Source-Entwicklungen**: Die Verfügbarkeit von Open-Source-Tools und -Plattformen hat die Forschung und Entwicklung in diesem Bereich erheblich beschleunigt. Dies fördert die Zusammenarbeit und den Wissensaustausch zwischen Forschern und Entwicklern aus der ganzen Welt.

Es zeichnet sich ab, dass die automatisierte Textgenerierung ein dynamisches Forschungsfeld ist, das von einer Vielzahl von Trends und Entwicklungen geprägt ist. Diese reichen von technologischen Innovationen bis hin zu ethischen und gesellschaftlichen Fragestellungen, die die verantwortungsvolle Nutzung dieser Technologie begleiten.

7.2 Potenzielle Weiterentwicklungen

Die Zukunft der automatisierten Textgenerierung ist reich an Möglichkeiten, die sowohl die Technologie selbst als auch ihre Anwendungsbereiche revolutionieren könnten. Die potenziellen Weiterentwicklungen in diesem Bereich sind vielschichtig und werden durch eine Kombination aus technologischen Fortschritten, Forschungsergebnissen und Marktanforderungen angetrieben.

➢ **Adaptive Algorithmen**: Eine der vielversprechendsten Entwicklungen ist die Einführung adaptiver Algorithmen, die in der Lage sind, sich kontinuierlich an neue Daten und Anforderungen anzupassen. Diese Algorithmen könnten die Effizienz und Genauigkeit der Textgenerierung erheblich steigern und gleichzeitig den Bedarf an manueller Überwachung und Anpassung reduzieren.

➢ **Semantische Analyse**: Die Integration von fortgeschrittenen Techniken der semantischen Analyse könnte die Fähigkeit der Systeme verbessern, den Kontext und die Bedeutung von Texten zu verstehen. Dies würde nicht nur die Qualität der generierten Inhalte erhöhen, sondern auch die Anwendungsmöglichkeiten in komplexeren Bereichen wie der wissenschaftlichen Forschung oder dem Rechtswesen erweitern.

➢ **Echtzeit-Anwendungen**: Die Fähigkeit zur Generierung von Texten in Echtzeit könnte zahlreiche Anwendungen in Bereichen wie dem Nachrichtenwesen, der Finanzanalyse oder dem Krisenmanagement revolutionieren. Die schnelle Analyse und Verarbeitung von Daten würde es ermöglichen, zeitkritische Informationen effizienter zu kommunizieren.

> **Personalisierung und Individualisierung**: Die Weiterentwicklung von Algorithmen, die in der Lage sind, individuelle Benutzerprofile zu erstellen und zu nutzen, könnte die Personalisierung von Inhalten auf ein neues Niveau heben. Dies wäre insbesondere im Marketing und im E-Commerce von großem Nutzen, wo die Personalisierung von Kundeninteraktionen einen entscheidenden Wettbewerbsvorteil darstellen kann.

> **Ethik und Governance**: Angesichts der wachsenden Bedeutung ethischer und gesellschaftlicher Fragen ist die Entwicklung von Governance-Strukturen und ethischen Richtlinien für die automatisierte Textgenerierung unerlässlich. Dies könnte durch die Einbindung von Ethikkommissionen und die Entwicklung von Standards für die verantwortungsvolle Nutzung der Technologie erreicht werden.

> **Interoperabilität**: Die Fähigkeit, verschiedene Systeme und Plattformen miteinander zu verbinden, ist ein weiterer wichtiger Entwicklungsbereich. Durch die Schaffung interoperabler Lösungen könnten Unternehmen und Organisationen die Vorteile der automatisierten Textgenerierung über verschiedene Anwendungen und Systeme hinweg nutzen.

> **Quantencomputing**: Obwohl es sich noch in einem experimentellen Stadium befindet, könnte das Aufkommen des Quantencomputings die Rechenleistung erheblich steigern und damit die Möglichkeiten der Textgenerierung revolutionieren.

Diese potenziellen Weiterentwicklungen sind Indikatoren für die vielfältigen Möglichkeiten, die die automatisierte Textgenerierung in der nahen Zukunft bieten könnte. Sie spiegeln die dynamische Natur dieses Forschungsfeldes wider und deuten auf eine Reihe von Innovationen hin, die die Grenzen dessen, was bisher als möglich erachtet wurde, erheblich erweitern könnten.

7.3 Interdisziplinäre Perspektiven

Die automatisierte Textgenerierung ist nicht nur ein technologisches Phänomen, sondern auch ein interdisziplinäres Forschungsfeld, das eine Vielzahl von Disziplinen und Fachgebieten berührt. Die interdisziplinären Perspektiven auf diese Technologie können dazu beitragen, ein umfassenderes Verständnis ihrer Potenziale und Herausforderungen zu entwickeln.

➢ **Linguistik und Sprachwissenschaft**: Die Generierung von Texten ist eng mit der menschlichen Sprache verknüpft. Die Linguistik bietet wertvolle Einblicke in die Struktur und Semantik von Sprache, die zur Verbesserung von Textgenerierungsalgorithmen beitragen können. Durch die Analyse von Sprachmustern und -strukturen können linguistische Modelle entwickelt werden, die die Qualität der generierten Texte erhöhen.

➢ **Psychologie und Kognitionswissenschaft**: Die Art und Weise, wie Menschen Texte wahrnehmen und interpretieren, ist ein wichtiger Aspekt, der in die Entwicklung von Textgenerierungssystemen einfließen sollte. Psychologische und kognitive Modelle können dazu beitragen, die Benutzerfreundlichkeit und die Effektivität der generierten Inhalte zu verbessern.

➢ **Ethik und Philosophie**: Wie bereits in vorherigen Kapiteln erwähnt, werfen automatisierte Systeme ethische Fragen auf, die von der Urheberschaft bis zum Datenschutz reichen. Die Ethik bietet einen Rahmen für die Bewertung der moralischen und ethischen Implikationen der Technologie.

➢ **Sozialwissenschaften**: Die Auswirkungen der automatisierten Textgenerierung auf die Gesellschaft sind ein weiteres wichtiges Forschungsfeld. Soziologische und anthropologische Studien können Aufschluss darüber geben, wie diese Technologie die Kommunikation und Interaktion innerhalb von Gemeinschaften beeinflusst.

> **Wirtschaft und Betriebswirtschaft**: Die wirtschaftlichen Aspekte der automatisierten Textgenerierung, einschließlich der Marktanalyse und der Geschäftsmodelle, sind entscheidend für das Verständnis ihrer kommerziellen Anwendbarkeit. Betriebswirtschaftliche Perspektiven können dazu beitragen, effiziente und nachhaltige Anwendungen der Technologie zu identifizieren.

> **Rechtswissenschaft**: Die rechtlichen Rahmenbedingungen, unter denen automatisierte Textgenerierungssysteme operieren, sind ein weiteres wichtiges Element. Fragen des Urheberrechts, der Haftung und der Regulierung sind entscheidende Aspekte, die in der rechtlichen Diskussion berücksichtigt werden müssen.

> **Informatik und Datenwissenschaft**: Selbstverständlich spielen auch die Informatik und die Datenwissenschaft eine zentrale Rolle in der Entwicklung und Anwendung von Textgenerierungsalgorithmen. Von der Algorithmusentwicklung bis zur Datenanalyse bieten diese Disziplinen die technologische Grundlage für die automatisierte Textgenerierung.

Die interdisziplinäre Natur der automatisierten Textgenerierung bietet eine reiche Landschaft für Forschung und Anwendung. Durch die Integration von Perspektiven aus verschiedenen Fachgebieten kann ein ganzheitlicher Ansatz entwickelt werden, der die vielfältigen Aspekte dieser komplexen Technologie berücksichtigt.

7.4 Marktpotenzial und wirtschaftliche Aspekte

Das Marktpotenzial der automatisierten Textgenerierung ist beträchtlich und erstreckt sich über eine Vielzahl von Branchen und Anwendungsgebieten. Die wirtschaftlichen Aspekte dieser Technologie sind daher von entscheidender Bedeutung für das Verständnis ihrer Tragweite und ihrer möglichen Auswirkungen auf die globale Wirtschaftslandschaft.

➢ **Kosteneffizienz**: Einer der offensichtlichsten Vorteile der automatisierten Textgenerierung ist die Kosteneffizienz. Die Fähigkeit, große Mengen an Text in kurzer Zeit zu generieren, reduziert den Bedarf an menschlichen Ressourcen und damit die damit verbundenen Kosten. Dies ist besonders in Branchen mit hohem Content-Bedarf wie Marketing, Journalismus und E-Commerce von Bedeutung.

➢ **Skalierbarkeit**: Die Technologie bietet ein hohes Maß an Skalierbarkeit, das es Unternehmen ermöglicht, ihre Content-Strategien flexibel anzupassen. Ob es sich um die Generierung von Produktbeschreibungen für einen Online-Shop oder um die Erstellung von Berichten für eine wissenschaftliche Institution handelt, die Skalierbarkeit ist ein Schlüsselmerkmal, das den wirtschaftlichen Wert der Technologie erhöht.

➢ **Personalisierung und Zielgruppenansprache**: Durch fortschrittliche Algorithmen und Datenanalyse können automatisierte Textgenerierungssysteme Inhalte erstellen, die auf bestimmte Zielgruppen zugeschnitten sind. Diese Personalisierung hat das Potenzial, die Kundenbindung zu erhöhen und den Umsatz zu steigern, was wiederum die wirtschaftliche Rentabilität der Technologie unterstreicht.

- **Wettbewerbsvorteile**: Unternehmen, die in der Lage sind, die Technologie effizient einzusetzen, können sich einen erheblichen Wettbewerbsvorteil verschaffen. Die Geschwindigkeit und Genauigkeit der Textgenerierung können dazu beitragen, schnell auf Marktveränderungen zu reagieren und sich von der Konkurrenz abzuheben.

- **Risikomanagement und Compliance**: In regulierten Branchen wie dem Finanzsektor oder dem Gesundheitswesen können automatisierte Textgenerierungssysteme dazu beitragen, die Einhaltung gesetzlicher Vorschriften zu gewährleisten. Durch die Generierung von Compliance-Berichten und anderen regulierten Dokumenten können Risiken minimiert und die Einhaltung von Standards sichergestellt werden.

- **Innovationspotenzial**: Die fortlaufende Forschung und Entwicklung in diesem Bereich bieten ein hohes Innovationspotenzial. Die Integration von KI und maschinellem Lernen in die Textgenerierung öffnet die Tür für zukünftige Anwendungen, die derzeit vielleicht noch nicht vorstellbar sind.

- **Globale Reichweite**: Die Fähigkeit, Texte in verschiedenen Sprachen zu generieren, erweitert das Marktpotenzial der Technologie erheblich. Dies ist besonders für globale Unternehmen von Bedeutung, die ihre Produkte und Dienstleistungen in verschiedenen Märkten anbieten.

Die wirtschaftlichen Aspekte bieten der automatisierten Textgenerierung eine vielversprechende Perspektive für zukünftige Investitionen und Anwendungen. Die Technologie hat das Potenzial, nicht nur die Art und Weise zu verändern, wie Inhalte erstellt werden, sondern auch, wie Geschäfte geführt werden. Sie stellt daher eine wichtige Säule in der digitalen Transformation von Unternehmen und Institutionen dar.

Epilog

Die Entwicklung von Google AI „Bard" markiert einen Wendepunkt in der Evolution der automatisierten Textgenerierung und künstlichen Intelligenz. Wenn diese Technologie vollständig ausgereift ist, wird sie zweifellos tiefgreifende Auswirkungen auf die Arbeitsweise in verschiedenen Branchen haben, von der Medienproduktion bis hin zur wissenschaftlichen Forschung. Die Fähigkeit, qualitativ hochwertige, kohärente und thematisch relevante Texte in einem Bruchteil der Zeit zu generieren, die ein Mensch benötigen würde, stellt eine revolutionäre Veränderung dar, die das Potenzial hat, die Produktivität zu steigern und die Qualität der Arbeit zu verbessern.

Allerdings ist es unerlässlich, dass die politischen Entscheidungsträger parallel zu diesen technologischen Fortschritten agieren. Es ist von höchster Bedeutung, einen rechtssicheren Rahmen zu schaffen, der die ethische und verantwortungsvolle Nutzung von durch KI erzeugten Inhalten regelt. Dieser Rahmen sollte sowohl die Rechte der Einzelnen als auch die Interessen der Gemeinschaft schützen, ohne die Innovationskraft zu ersticken.

Die Dringlichkeit dieser politischen Maßnahmen wird umso deutlicher, wenn man die potenziellen Konsequenzen einer restriktiven Gesetzgebung in Betracht zieht. Ein nationales oder gar europaweites Verbot der Nutzung solcher Technologien könnte katastrophale Auswirkungen haben. Ebenso verheerend würde sich die Aberkennung des Copyrights für Autoren, Journalisten und die schreibende Zunft im Allgemeinen darstellen. Nicht nur würde dies die europäischen Staaten im globalen Wettbewerb weiter zurückwerfen, sondern es würde auch die Publizisten, Forscher und Unternehmer in eine prekäre Lage versetzen. Sie könnten gezwungen sein, ihre Inhalte über ausländische oder außereuropäische Firmen zu veröffentlichen, was wiederum Fragen der Finanz- Daten-, Rechtssicherheit und der Meinungsfreiheit aufwirft.

Darüber hinaus könnte ein solches Verbot die europäische Wirtschaft in einer Zeit schwächen, in der sie sich an die Herausforderungen der digitalen Transformation anpassen muss. Es würde auch die Fähigkeit der Region einschränken, als ein Zentrum für Innovation und technologische Entwicklung zu fungieren.
In Anbetracht all dieser Faktoren ist es klar, dass die Weiterentwicklung von Google AI Bard und ähnlichen Technologien nicht isoliert betrachtet werden kann. Sie ist eingebettet in ein komplexes Geflecht aus sozialen, ethischen und rechtlichen Fragen, die sorgfältig geprüft und adressiert werden müssen. Nur so kann sichergestellt werden, dass die Technologie eine Bereicherung für die Gesellschaft darstellt und nicht zu einer Quelle der Spaltung und des Missbrauchs wird.

Die Zukunft der automatisierten Textgenerierung und der künstlichen Intelligenz im Allgemeinen hängt daher nicht nur von den Fortschritten in der Technologie selbst ab, sondern auch von der Fähigkeit der Gesellschaft, diese Fortschritte in einer Weise zu steuern, die sowohl ethisch vertretbar als auch wirtschaftlich sinnvoll ist. Es ist eine kollektive Herausforderung, die sowohl visionäre technologische Entwicklungen als auch umsichtige politische Entscheidungen erfordert.

Stichwortverzeichnis

Abbildungsverzeichnis